KB105894

나는
누구인가

나는 누구인가

발행일	2017년 5월 19일

지은이	무 영		
펴낸이	손 형 국		
펴낸곳	(주)북랩		
편집인	선일영	편집	이종무, 권혁신, 송재병, 최예은
디자인	이현수, 김민하, 이정아, 한수희	제작	박기성, 황동현, 구성우
마케팅	김회란, 박진관		
출판등록	2004. 12. 1(제2012-000051호)		
주소	서울시 금천구 가산디지털 1로 168, 우림라이온스밸리 B동 B113, 114호		
홈페이지	www.book.co.kr		
전화번호	(02)2026-5777	팩스	(02)2026-5747

ISBN	979-11-5987-564-9 03100 (종이책)	979-11-5987-565-6 05100 (전자책)

이 도서의 국립중앙도서관 출판예정도서목록(CIP)은 서지정보유통지원시스템 홈페이지(http://seoji.nl.go.kr)와
국가자료공동목록시스템(http://www.nl.go.kr/kolisnet)에서 이용하실 수 있습니다.
(CIP제어번호 : CIP2017011177)

(주)북랩 성공출판의 파트너

북랩 홈페이지와 패밀리 사이트에서 다양한 출판 솔루션을 만나 보세요!

홈페이지 book.co.kr	자가출판 플랫폼 해피소드 happisode.com
블로그 blog.naver.com/essaybook	원고모집 book@book.co.kr

나는 누구인가

— 무 영
無影 지 음

마침내 찾아낸 진리의 참모습,
부처와 예수의 가르침은 결국 하나로 통한다

북랩 book Lab

공자님이 『역경易經』을 저술하시고 하신 말씀이 '술이부작述而不作'입니다. 옛 성현들의 가르침을 알기 쉽고 이해하기 쉽게 체계적으로 정리하였을 뿐이며 자기 자신이 지어낸 바는 없다는 뜻입니다.

저 역시 산만하게 흩어져 있는 성인들의 말씀을 주제별로 정리하여 이해하기 쉽게 기록하고자 하였으나 생각 이상으로 제 견해가 많이 들어가 있습니다. 저의 견해나 결론은 그저 한 사람의 의견으로 가볍게 받아들이시고 기록된 많은 성인들의 가르침은 가슴속 깊이 새겨 두시기 바랍니다. 생활하는 데 큰 보탬이 될 것입니다.

제가 어떠한 방식으로 어떠한 과정을 거쳐 공부를 해왔는지에 대해서는 따로 이야기하지 않겠습니다.

제 공부의 출발점은 세 가지 의문에 대한 답을 찾는 것이었습니다.

첫째, 나는 누구인가?

둘째, 삶은 무엇인가?

셋째, 왜 사는가?

이 이야기가 감히 정답이라고 주장하지는 않겠습니다. 다만 제가 찾은 결론이요, 견해일 뿐입니다. 이것으로 저는 제가 가졌던 이 물음을 비로소 내려놓았고 더 이상 찾는 것을 멈추었습니다.

이 세 가지에 대한 물음을 풀고 나니 이 세상이 어떻게 생겨났는지를 알게 되었고, 이 세상이 왜 생겨났는지를 알게 되었으며, 나와 이 세상은 어떠한 관계인지를 알게 되었습니다. 하느님은 어떠한 존재이며 나와는 어떠한 관계인지를 알게 되었습니다. 사탄과 마귀가 무엇이며 그들이 왜 생겨나는지를 알게 되었고 악이 무엇인지를 알게 되었습니다.

틀에 얽매이지 않고 고정관념에서 벗어난 것을 열린 마음이라 합니다. 자기가 갖고 있는 생각이 전부라고 여기지 말 것이며 항상 열린 마음으로 세상을 바라보십시오.

이 책을 읽는 분에게 몇 가지 당부의 말을 해야겠습니다.

첫째, 논리를 알되 논리에 얽매이지 마십시오. 특히 동양사상은 논리적으로 풀리지 않는 것이 너무나 많습니다. 논리를 알되 논리를 뛰어넘어야 합니다.

둘째, 부분에 치우치지 마십시오. 부분을 보는 것은 전체를 보기 위한 하나의 방편일 뿐입니다. 항상 전체를 생각하면서 부분을 살펴보십시오.

셋째, 개념을 정확하게 정립하십시오. 공자님은 이것을 '정명正名'이라 하였습니다. 이름을 바로 세우는 것, 그것이 곧 개념을 확실하게 하는 것입니다. 개념이 바로 서지 않으면 항상 혼란이 생겨납니다.

저는 불교에 대한 전문가도 아니며 기독교에 관해 체계적으로 공부한 사람도 아닌 순수한 아마추어입니다. 다만 제가 가진 세 가지의 물음에 대한 답을 얻고자 부처님의 말씀을 읽었고 예수님의 가르침을 찾아보았을 뿐입니다. 힘들고 어려웠습니다. 가르쳐 주는 사람 없이 혼자 그 물음에 대한 답을 찾아가는 과정이 결코 쉽지 않았습니다. 책을 읽으며 그 물음에 대한 답을 생각하고 또 생각하고 또 생각했을 뿐입니다.

저는 종교가 없습니다. 누군가 저의 종교가 무엇인지 물으면 웃으면서 이렇게 이야기합니다. "왼쪽 가슴에는 부처님을 모셨고 오른쪽 가슴에는 예수님을 담았습니다." 그리고 "저는 종교는 없지만 종교성은 가지고 있습니다."라고 합니다. 그러면 또 사람들은 "당신이 말하는 종교성은 무엇이냐?"고 묻습니다.

부처님은 자비를 말씀하셨고 예수님은 사랑을 가르쳤습니다. 저는 항상 내 마음속에 사랑을 간직하려고 노력해 왔습니다. 그것이 바로 제 나름의 종교성입니다. 저는 종교에 대해 크게 의미를 두거나 가치를 부여하지 않습니다.

중요한 것은 예수님의 가르침과 부처님의 말씀, 그 자체라고 생각합니다. 하고 싶은 이야기가 100이라면 이 책에서 약 70 정도 실린 것 같습니다. 그래서 미처 못다 한 이야기는 동영상을 만들어 '유튜브(youtube)'에 올릴 예정입니다.

유튜브에서 '나는 누구인가?' 혹은 '무영'을 입력하면 자료를 찾을 수 있도록 할 예정입니다. 일주일에 2회씩 총 25회 정도를 예상하고 있습니다.

제가 잘못 보았을 수도 있습니다. 제가 놓쳐 버린 것도 있을 것입니다. 많은 분들과 유튜브에서 만나 뜻있는 대화를 나누고 싶습니다. 아마 2017년도 6월경이면 충분하다고 생각합니다. 감사합니다.

2017. 5.
무영

차례

제2장 / 자세히 살펴보기

제1장

나는 누구인가?

|

예수님이 말씀하신 성령을 부처님은 불성이라 하였고,
단군성조님은 자성이라 하였다.

쇠로 만든 나무에서 꽃이 피고 불 속에서 연꽃이 핀다.

이 화두가 와 닿는 분은 이 책을 읽을 필요가 없습니다.
당신은 이 책의 수준을 뛰어넘은 분입니다.
당신에게 이 책은 쓰레기입니다.

1. 당신은 누구입니까?

이 물음에 대한 당신의 답이 무척이나 궁금합니다.

이 이야기가 정답이라고는 감히 말하지 않겠습니다. 다만 제가 공부하면서 내린 한 결론이요, 한 견해일 뿐입니다. 여기서 저는 제 자신이 누구인지에 대한 질문을 내려놓았습니다.

자기 자신이 누구인지 알아도 자기 자신이 누구인지 찾아도 밥 세 끼는 먹어야 하고 화장실은 들락날락해야 하고 졸릴 때는 자야 합니다. 알아도 알지 못해도 생활에는 별 차이가 없습니다.

그래도 미묘한 차이가 있다면, 세상 보는 눈이 조금 밝아지고 조금 너그러워진다고나 할까요.

1992년 출간된 성철스님의 『산은 산이요. 물은 물이로다』라는 법어집이 전국을 떠들썩하게 한 적이 있었습니다. 이 화두가 자기 자신이 누구인지 알게 해 주는 가르침이요, 자기 자신이 누구인지 찾아가게 해 주는 말씀입니다.

원래 이 화두는 옛날 옛적에 큰스님이 이미 하셨던 말씀입니다.

> 예전에는 산은 산이 아니요, 물은 물이 아니더니 이제 보니 산은 산이요, 물은 역시 물이로다.

> 자기 자신을 알기 전에는 자기 자신을 찾기 전에는 산은 산이 아니요, 물은 물이 아니더니, 자기 자신을 알고 나니 자기 자신을 찾고 나니 산은 산이요, 물은 역시 물이로다.

얼음이 녹으면 물이 되고 물이 얼면 얼음이 됩니다. 얼음은 물을 벗어날 수도 없고 떠날 수도 없으며, 물 역시 얼음을 벗어날 수도 없고 떠날 수도 없습니다. 물 떠난 얼음 없고 얼음 떠난 물이 없으니 얼음이 물이요, 물이 곧 얼음입니다.

석가님은 29세에 출가를 하시었습니다.

삶은 무엇이고, 늙음은 무엇이며, 병듦은 무엇이고, 죽음은 무엇이냐? 이 네 가지 물음에 대한 답을 구하고자 인도 전역을 다니셨습니다.

현명하다는 사람을 찾아가서 묻고, 대단하다는 사람을 찾아가서 묻고, 학식이 있다는 사람을 찾아가서 물어보았으나 어느 누구도 석가님의 이 네 가지 물음에 속 시원하게 풀어준 사람이 없었습니다.

36세 때 석가님은 보리수나무 아래에 자리를 잡고 이렇게 서원을 하십니다.

이 네 가지 물음에 대한 답을 얻기 전에는 이 자리를 떠나지 않으리라.

그리고는 60일 동안 물 한 모금 아니 드시고 60일 동안 밥 한 숟가락도 아니 드시고 60일 동안 눕지도 아니 하시고 60일 동안 일어서지도 아니 하셨습니다.

이렇게 60일간의 고행을 거쳐 대오각성을 하시어 부처가 되셨습니다.

대오각성하기 전의 석가님은 중생일까요? 부처일까요?

대오각성하신 이후의 석가님은 부처일까요? 중생일까요?

대오각성하기 전의 석가님과 대오각성하신 이후의 석가님은 둘일까요? 하나일까요?

부처는 중생을 떠날 수도 없고 벗어날 수도 없으며 중생 역시 부처를 떠날 수도 없고 벗어날 수도 없습니다. 부처 떠난 중생 없고 중생 떠난 부처 없으니 부처가 중생이요, 중생이 곧 부처입니다.

예전에는 산은 산이 아니요, 물은 물이 아니더니 이제 보니 산은 산이요, 물은 역시 물이로다.

자기 자신을 알기 전에는 자기 자신을 찾기 전에는 부처는 중생이 아니요, 중생은 부처가 아니더니 자기 자신을 알고 나니 자기 자신을 찾고 나니 중생이 부처요, 부처가 중생이로다.

당신은 부처입니다.

이 이야기가 무슨 말인지는 알겠고 이 이야기가 무슨 뜻인지 이해는 하겠는데 오랫동안 이 이야기가 가슴에 와 닿지 않았습니다.

당신은 당신이 부처라는 사실이 가슴에 와 닿습니까?

저는 한동안 가슴이 답답하며 머리가 어지럽고 혼란스러웠습니다. 이 답답함이 꽤나 오랫동안 발목을 잡았습니다.

그래도 우리는 어찌할 수 없는 부처입니다.

『성약성서』에서 예수님은 우리 인간을 '그리스도'라 선언하십니다.

그리스도가 내 안에 만들어 졌듯이 당신들 모두의 마음속에 만들어질 안에 있는 그리스도를 보십시오.

이제 나는 인간의 능력으로 죽음을 정복할 수 있음을 증명하려 합니다. 왜냐하면 모든 인간은 육화한 신이기 때문입니다.

사람은 태어나면서부터 하느님의 아들이요, 하느님은 인류의 아버지 입니다.

그대는 그리스도를 찾을 필요가 없습니다. 왜냐하면 그대의 마음이 정결해지면 그리스도가 임할 것이며 영원히 그대와 함께 거할 것이기 때문입니다.

당신은 하느님의 자녀이자 그리스도입니다. 그리고 부처입니다.

《달마가 동쪽으로 간 까닭은?》이라고 하는 영화가 있었습니다. 저는 이 영화를 본 적이 없어 내용이나 줄거리가 어떻게 흘러가는지, 주인공이 누구인지 알지 못합니다. 다만 이 영화의 제목에 흥미를 느꼈습니다.

"온 적이 없는 달마가 어찌 갈 수 있겠습니까?"

이것이 이 물음에 대한 저의 답입니다.

보이는 것, 들리는 것, 냄새 맡을 수 있는 것, 맛볼 수 있는 것, 만질 수 있는 것, 즉 우주만물은 생겨나면 사라져야 하고 태어나면 죽어야 하고 오면 가야 합니다. 이것이 우주만물의 법칙이요, 어찌할 수 없는 우주만물의 숙명입니다.

사라졌다고 하는 것은 그 이전에 생겨나는 것이 있어야 하고 죽었다고 하는 것은 그 이전에 태어나는 것이 있어야 하며 갔다고 하는 것은 그 이전에 오는 것이 있어야 합니다.

'달마'를 '인간'으로 바꾸고 '간'을 이 세상에 왔다가 저 세상으로 돌아가셨다는 뜻인 '죽음'으로 바꾸면 "수명이 다해 몸이 죽으면 그것으로 인간은 끝나는 것인가?" 하고 우리에게 물음을 던지는 것입니다. 물론 그것으로 모든 것이 끝이라 하면 더 이상 할 말도 없고 이 이야기는 여기서 끝을 맺어야 할 것입니다.

만약 그렇지 않다면, "인간의 본질은 무엇이고 당신 자신은 무엇이며 또한 당신 자신은 누구인가?", "인간이 태어나서 수명이 다해 몸이 죽어도 그것이 끝이 아니라면 끝이 아닌 그것은 과연 무엇이며 우리는 어떠한 존재인가?" 이 영화의 제목은 그렇게 우리에게 묻고 있는 것입니다.

화두입니다.

하나, 제자가 묻습니다.

"스승님! 부처가 무엇입니까?"

"웅! 똥막대기다."

둘, "스승님! 부처가 무엇입니까?"

"마 세 근이다."

셋, "스승님! 부처가 무엇입니까?"

"내가 말해 줄 수는 있는데 네가 감당할 수 있겠느냐?"

화두에 너무 연연해 하지 마십시오.

조금 더 깊이 공부하고자 하는 사람에 대한 배려일 뿐입니다. 그저 심심할 때, 시간적 여유가 있을 때 그때 한번 풀어보십시오. 또 다른 맛을 느낄 것입니다.

화두는 논리로 풀리지 않습니다. 논리를 알되 논리를 뛰어넘어야 합니다.

어리석은 질문에 현명하게 답을 하는 것을 '우문현답'이라 합니다.

여기에 두 개의 우문현답이 있습니다.

저는 세 번째 화두가 마음에 와 닿습니다.

길을 가다가 학생을 만났습니다.

"학생! 내가 누구지?" 하고 묻습니다.

길을 가다가 노인 한 분을 만났습니다.

"어르신! 제가 누구입니까?" 하고 여쭙습니다.

그 학생과 어르신은 저에게 어떠한 말을 해 주고 또한 저를 어떻게 생각할까요? 아마 어리둥절한 표정을 지으며 이상한 눈빛으로 고개를 저으며 정신 나간 사람이라 여길 것입니다.

당신 자신은 누구입니까?

당신이 누구인지 누구에게 물으시겠습니까?

2. 당신이 어찌할 수 없는 부처인 이유

석가님의 가장 아름답고 가장 위대하고 가장 중요한 가르침을 저는 세 가지로 요약하고 싶습니다. 가끔 불교의 팔만대장경은 이 세 말씀을 풀어 놓은 것은 아닐까 그런 생각을 하곤 합니다. 물론 제가 팔만대장경을 다 읽어 본 적은 없습니다. 다 읽을 자신도 없고 다 읽어볼 엄두도 못하고 있습니다.

묘한 것은 석가님의 말씀을 자세히 살펴 한발 한발 가다보면 항상 이 세 가지 말씀 중의 하나와 만나곤 했습니다.

그중의 하나입니다.

> 기특하도다. 중생들이여! 모두 다 불성을 온전히 갖추고 있구나. 다만 망상으로 인해 가리어져 있을 뿐이구나.

온전하다는 말은 '완벽하여 흠이 없다'는 의미이며 모든 중생이 갖고 있는 불성은 '완벽하여 하나의 흠도 없다'는 뜻입니다.

망상이란 그릇된 생각, 올바르지 않은 생각을 이야기하며, 석가님은 가장 대표적인 망상을 욕심과 성냄과 어리석음이라 하여 이 세 가지를 가장 큰 독, 즉 삼독三毒이라 하십니다.

여기 거울이 있습니다.

거울은 돌을 갖다 놓으면 돌을, 꽃을 갖다놓으면 꽃을, 나 자신을 들이밀면 나 자신을 진실 그대로, 사실 그대로 환하게 비추어 줍니다. 돌을 갖다 놓았는데 꽃을 비춰 주는 법도 없고, 꽃을 갖다 놓았는데 돌을 비춰 주는 법도 없고, 나 자신을 들이밀었는데 개를 비춰 주는 법도 없습니다.

그런데 거울에 먼지가 뽀얗게 쌓였습니다. 뿌연 것이 너무 흐릿합니다. 돌을 갖다 놓았는데 돌 같지가 않습니다. 어떤 사람은 꽃이라 하고, 어떤 사람은 공이라 합니다. 꽃을 갖다 놓았는데 꽃 같지가 않습니다. 어떤 사람은 돌이라 하고, 어떤 사람은 공책이라 합니다. 나 자신을 들이밀었는데 나 자신 같지가 않습니다. 어떤 사람은 개라 하고, 어떤 사람은 말이라 합니다.

그렇다고 거울이 부서졌습니까? 깨어졌습니까? 먼지는 거울을 부술 수도 없고, 깨뜨릴 수도 없습니다. 다만 먼지는 거울이 진실 그대로의 모습을, 사실 그대로의 모습을 환하게 비추지 못하게끔 가로막고 방해할 뿐입니다.

깨끗한 수건으로 거울에 쌓인 먼지를 닦아내면, 거울은 여전히 진실 그대로의 모습을, 사실 그대로의 모습을 환하게 비추어 줍니다.

불성은 거울과 유사합니다. 거울처럼 항상 진실 그대로의 모습을, 사실 그대로의 모습을 환하게 비추어 줍니다.

거울에 먼지가 뽀얗게 쌓이듯이 욕심이란 생각의 먼지가, 성냄이라는 생각의 먼지가, 어리석음이란 생각의 먼지가 불성을 에워싸면 불성은 진실 그대로의 모습을, 사실 그대로의 모습을 환하게 비추지 못합니다.

이 망상이 불성이 환하게 드러나지 못하게끔 방해하고 가로막습니다.

먼지가 거울을 부술 수도 없고, 깨뜨릴 수 없듯이 망상은 불성을 부술 수도 없고, 깨뜨릴 수도 없습니다. 비록 먼지에 쌓였을지라도 거울은 역시 거울이듯이 비록 망상으로 인해 불성이 가리어져 있어도 당신은 온전한 불성을 갖춘 부처입니다.

깨끗한 수건으로 거울의 먼지를 닦아내듯이 욕심이란 생각을 줄여 나가고, 성냄이라는 생각을 다스려 나가며, 어리석음이란 생각을 길들여 나간다면, 언젠가는 당신은 환하게 드러난 불성을 보게 될 겁니다.

다섯 살 난 꼬마도, 공부하는 학생도, 선생님도, 대통령도, 농부도, 비록 각자는 사회적인 신분과 지위와 역할에서는 차이가 있을지라도 인간이란 측면, 인간의 존엄이란 측면에서는 모두 다 동일하고 귀중한 존재입니다.

마찬가지로 불성이란 측면에서는 석가님의 불성이나 당신의 불성은 한 치의 어긋남도 없이 동일하게 완벽하고 하나의 흠도 없이 완전합니다.

부처님의 불성은 귀하고 당신의 불성은 천하고, 부처님의 불성은 위대하고 당신의 불성은 시시하다. 그러한 것은 없습니다.

단지 석가님은 한 올의 욕심도, 한 티끌의 성냄도, 한 자락의 어리석음도 일어나지 않는 망상이란 먼지가 깨끗하게 사라져 불성이 환하게 드러난 부처입니다.

비록 불성이 망상으로 가리어져 있어도 당신은 어찌할 수 없는 부처입니다. 먼지가 쌓여 있어도 거울은 역시 거울이듯이 말입니다.

불성은 유리가 없는 거울입니다.

욕심을 비우고 성냄을 뿌리 뽑고 어리석음을 제거한다는 것은 평범한 일반 사람에게는 너무 힘들고 어렵고 그리고 거의 불가능한 일입니다. 수 년 혹은 수십 년씩 공부를 하고 수양을 쌓으며 흔들리지 않는 마음 한 자리를 잡아 나가야 가능한 일입니다.

자신의 삶의 목표가 불성을 깨우치는 것이고 자신의 삶의 길이 여기에 뜻이 있다면 세상의 모든 인연을 끊고 산으로 들어가야 할 것입니다.

불성을 깨치고 부처님의 길을 따르는 것은 우리의 인생길에 놓인 숱한 길 중에 그저 하나일 뿐입니다. 우리 앞에는 수많은 길이 놓여 있고 그 많은 길 중에서 우리는 하나의 길만 선택할 수 있습니다. 그 길에는 높고 낮은 길, 크고 작은 길, 위대하고 시시한 길과 같이 구분되거나 차별이 있을 수 없으며 각자가 선택한 길은 다 같이 동등하고 귀하고 중요합니다. 어느 길을 선택하느냐는 것은 각 개인의 고유한 자유입니다.

불법의 도인은 부처이며 바둑의 도인은 이세돌이며 야구의 도인은 이승엽이고, 피겨의 도인은 김연아이며 요리의 도인은 백종원이고, 개그의 도인은 유재석입니다. 추구하고자 하는 각자의 길은 다를지라도 경지에 오르면, 정상에 도달하면 모든 것은 결국 하나로 통합니다.

욕심을 버리고 마음을 비우는 것입니다. 어느 한 분야에 경지에 도달한 사람을 달인 혹은 명인이라 하며 이러한 경지에 도달하기 위해서는 끊임없는 노력과 욕심을 버려 마음의 평온을 꾸준히 유지해 나가는 것이 중요합니다.

길에는 먼저 들어선 자와 나중에 들어선 자, 먼저 익은 자와 아직 덜 익은 자의 차이는 있을 수 있으나 일 자체나 인간 자체에 대한 차별은 있을 수 없습니다.

그 무엇도 그 누구도 당신의 자유를 구속할 수는 없으며 이것은 태어나면서부터 당신에게 주어진 권리입니다.

욕심이 정당하다면 최선을 다해 채우십시오. 분노가 올바르다면 모든 것을 던져 싸우십시오. 이기적인 어리석음이 아니라면 마음껏 드러내십시오. 저는 이것을 '망상을 길들인다'고 이야기하고 싶습니다.

평범한 일반 사람에게는 이것도 결코 쉬운 일이 아닙니다. 그러나 언젠가는 우리 각자가 있어야 할 자리입니다. 왜냐하면 그것이 각자가 이루고자 하는 목표인 정상으로 우리를 이끌어 가기 때문입니다.

제자가 물었습니다.

"스승님, 불법이 무엇입니까?"

"배고플 때 먹고, 나올 때 싸고, 졸릴 때 자는 것이야."

"아니, 스승님! 그것은 사람이면 누구나 하는 것 아닙니까?"

"아니다! 다르다. 일반 사람은 밥 먹으면서도 온갖 잡생각을 하고, 화장실에서도 온갖 망상을 일으킨다."

3. 불성은 무엇인가?

공부의 첫 출발점은 호기심, 즉 의문을 가지는 데서 시작됩니다.

도대체 이것이 무엇일까? 이것의 모습은 어떠하고, 내용물은 무엇이며, 나와는 어떠한 관계가 있고, 다른 그 무엇과는 어떤 상호작용을 하느냐?

이것을 개념정리라 합니다. 공부의 시작입니다.

'이것이 무엇인가?'가 공부의 시작이라면, '아! 맞다.'가 공부의 끝입니다.

성철스님은 팔만대장경을 다 읽고 나서 "팔만대장경을 다 읽고 나니 '아!' 자 하나 남더라."라고 말씀하셨습니다. 공부를 다하신 겁니다.

석가님의 가장 아름답고 가장 위대하고 가장 중요한 세 가지 말씀 중의 또 하나입니다.

> 마음을 텅 비우면 텅 빈 그 자리에 온 존재계가 자리 잡고 그 자리가 곧 불성 자리요, 해탈 자리이며 불성의 다른 모습은 자비이다.

불성의 다른 모습은 자비라고 하십니다.

앞면이 불성이면 뒷면은 자비이고 앞면이 자비이면 뒷면이 불성입니다. 앞면만 있는 동전 없고 뒷면만 있는 동전 없듯이 불성이 자비이고 자비가 불성입니다.

이 자비가 드러나고 표현될 때 지혜와 행行이 뒤따릅니다. 곧 불성은 자비와 지혜와 행입니다.

예수님의 가르침을 한번 들어 볼까요.

『성약성서』에 의하면 예수님께서는 13세부터 29세까지 진리를 찾아 인도를 비롯한 동방으로 구도여행을 떠나셨고 동방의 여러 현자들을 만나 많은 대화와 토론을 나누시고 또한 여러 종류의 서적을 탐구하셨다고 합니다.

이 『성약성서』에 따르면 예수님은 성령을 '사랑과 지혜와 믿음'이라 표현하십니다. 또 이렇게도 말씀하셨습니다.

> 우리 하느님은 영이십니다. 그리고 그 안에 모든 지혜와 사랑과 힘이 깃들어 있습니다.

우리 단군성조님은 부처님이 말씀하신 불성을 자성이라 하시었고 이 자성을 덕德, 혜慧, 력力으로 설명하십니다.

이 불성은 표현방식에 따라 다양하게 불렀습니다. 지역에 따라 문화와 전통과 그리고 관습의 차이로 나타난 현상이며 상황에 따라 다양하게 표현되었습니다.

> 성령, 자성, 본체 혹은 체, 본성, 마음, 도, 본심, 본래모습, 성, 리理, 무 혹은 무한, 진아, 우주심, 창조…

표현에서 미묘한 차이는 있을지라도 구태여 구분할 필요는 없다고 생각합니다. 다 같다고 보아도 무방하며 같은 이름의 다른 표현입니다.

김철수 씨는 그 자신의 입장에서는 '본인'이며 안사람에게는 '남편'이며 아이들에게는 '아빠'이며 친구들 입장에서는 '철수'이며 동료들 사이에서는 '철수 씨'이며 거래처에서는 '김 사장'이라 불립니다. 놓여진 상황에 따라 불리는 이름이 다르다 하여 사람이 달라집니까? 동일한 사람이지만 놓인 환경에 따라 표현이 달라질 뿐입니다.

일반적이고 전체적인 측면으로는 불성이요, 자성이요, 성령이라 불리고 근본적인 바탕자리를 설명할 때는 본체 혹은 체, 도道, 리理라고 하며 성품을 언급할 때는 본성, 진아, 마음이라 하며 크기를 이야기 할 때는 무한이요, 작용과 역할이라는 측면에서는 창조라 하며 우리의 인식 너머에 존재하기에 무無라 표현합니다.

표현에서 미묘한 차이는 있어도 동일한 이름이며 상황에 따라 표현이 달라졌을 뿐입니다. 구태여 구분할 필요는 없다고 생각합니다.

부처님이 말씀하신 행行은 '드러났다, 표현되었다, 작용했다, 움직였다, 변화되었다'라는 의미로 모든 행동과 결과가 나타났음을 '행'이라는 한 글자로 설명했습니다.

단군성조님의 힘은 무력적이고 폭력적인 힘이 아니라 무언가를 일어나게끔 하는 근원적인 에너지인 '힘'입니다.

불성과 성령과 자성은 같은 의미의 또 다른 표현이며 자비와 사랑과 덕은 동일한 의미로 같은 말입니다.

자비를 베풀어라.

네 이웃을 네 몸과 같이 사랑하라.

덕을 쌓아라.

여기에 무슨 차이가 있습니까?

세 분 다 두 번째는 같이 지혜로 나타납니다.

단지 세 번째에는 부처님은 '행'으로, 예수님은 '믿음'으로, 단군성조님은 '힘'으로 다르게 표현되어 있습니다.

당신 앞에 탁자가 있고, 탁자 위에 물컵이 놓여 있습니다. 손에 '힘'을 주어 물컵을 잡고 입으로 가져가면 물은 입을 통하여 뱃속으로 들어갑니다. 즉 물을 마셨다는 행동과 결과가 나타납니다.

'힘'은 모든 행동과 결과가 나타나게 하는 원인이요, '행'은 모든 행동과 결과가 완성된 상태입니다.

탁자를 손으로 두 번 '탁, 탁' 쳐보십시오. 그럼 집안의 건물이 무너질 겁니다. 한번 해 보십시오. 무너졌습니까?

당신에게는 탁자를 두 번 '탁, 탁' 내려쳐도 건물이 무너진다는 '믿음'이 없습니다. 이러한 헛믿음이 헛힘을 가하게 되고 그로 헛결과가 나타나는 것입니다.

탁자에 있는 컵 속의 물은 입을 통하여 마실 수 있다는 '믿음'이 컵에 '힘'을 주게 되고 그 결과, 물은 입을 통하여 뱃속으로 들어갑니다. 물을 마셨다는 행동과 '결과'가 나타난 것입니다.

탁자에 있는 물컵에 '힘'을 주면 컵 속의 물은 입을 통하여 마실 수 있다는 '믿음'이 있어도 '힘'을 주지 않으면 물을 마셨다는 '결과'가 나타나지 않습니다.

'믿음'은 모든 행동과 결과가 나타나게 하는 동기요, '힘'은 모든 행동과 결과가 나타나게 하는 원인이요, '행'은 모든 행동과 결과가 나타난 상태입니다.

믿음과 힘과 행은 항상 동시에 함께 작용합니다. 셋 중 어느 하나가 부족하면 행동과 결과는 나타나지 않습니다. 셋이지만 하나입니다.

예수님은 믿음이란 동기로 원인과 결과를 내포시켰고, 단군성조님은 힘이라는 원인에 동기와 결과를 포함시켰으며, 석가님은 행이라는 결과에 동기와 원인을 대표화시켰습니다.

믿음이 깨끗하면 행동과 결과도 깨끗하게 나타나며, 믿음이 올바르면 행동과 결과도 올바르게 나타납니다. 믿음이 부실하면 행동과 결과도 부실하게 나타나며, 믿음이 부족하면 행동과 결과도 부족하게 나타납니다.

이러한 원리로 우리가 바라보는 이 우주만물이 드러난 것입니다.

이제 두 번째인 지혜에 대해 이야기하겠습니다.

지혜가 작용할 때 가장 먼저 나타나는 것은 생각이고, 이 생각을 바탕으로 외우고, 이해하고, 판단하고, 적응하고, 분석하고, 체계를 세웁니다. 생각이 바르게 드러날 때 이것을 지혜라 하며 생각은 지혜의 뿌리입니다.

생각과 지혜를 여기서만큼은 구분 없이 섞어 쓰겠습니다.

조카가 놀러 왔습니다. 얼마나 사랑스럽고 귀엽습니까?

꿀밤을 한 대 쥐어박고 뺨을 후려쳤습니다. 조카가 비명을 지르며 울고 난리가 났습니다. 옆에 있던 어머니가 고함을 치시며 마구 나무라십니다. 동생은 눈을 흘기며 저한테 대어 듭니다. 저는 단지 조카를 귀여워하고 사랑할 뿐인데….

'생각'이 짧았습니다. '생각'이 짧으니 행동과 '결과'도 짧게 나타났습니다.

조카가 놀러 왔습니다. 얼마나 사랑스럽고 귀엽습니까? 머리를 쓰다듬고 뺨을 부비고 용돈을 쥐어주니 조카는 함박웃음을 지으며 좋아합니다. 어머님은 옆에서 흐뭇한 웃음을 짓고, 동생은 무슨 용돈을 그리 많이 주냐고 괜한 투정을 부립니다.

'생각'이 제대로 되니 행동과 결과도 제대로 나타났습니다.

지혜는 행동과 결과가 올바르게 나타나게끔 해 주는 수단이자 장치입니다.

지혜가 올바르면 믿음도 올바르게 나타나고 행동과 결과도 올바르게 나타납니다. 지혜가 깨끗하면 믿음도 깨끗하게 나타나고 행동과 결과도 깨끗하게 나타납니다. 지혜가 모자라면 믿음도 모자라게 나타나고 행동과 결과도 모자라게 나타납니다. 지혜가 부족하면 믿음도 부족하게 나타나고 행동과 결과도 부족하게 나타납니다.

이러한 원리로 우리가 바라보는 이 우주만물이 드러난 것입니다.

4. 사랑에 대하여

문제가 발생하고 갈등이 일어나고 다툼이 생기는 첫 번째 원인은 존재하고 있기 때문이며 두 번째 원인은 만나기 때문이며 세 번째 원인은 사랑이 없기 때문입니다.

사랑이 있으면 이해와 양보, 배려가 나타나 모든 문제와 갈등과 다툼을 해소하고 서로의 존재를 존중해 긍정적인 방향으로 관계를 형성합니다. 로빈슨 크루소처럼 혼자 산다면 자기 자신만의 문제는 있을지라도 갈등과 다툼의 대상이 없어 미움과 원한 그리고 증오는 생겨나지 않을 것입니다.

당신 자신이 '존재'하지 않는다면 과연 어떠한 '문제'가 생겨날 수 있을까요? 부모와 나, 친구와 나, 동료와 나, 조직과 나, 사회와 나와의 관계를 떠나 우리는 '존재'할 수 있을까요?

관계란 만남이며 만남에는 사랑이 있는 만남과 사랑이 없는 만남 그리고 사랑도 아니고 사랑 아닌 것도 아닌 만남으로 구분됩니다.

이 사랑은 세 가지 색깔로 나타납니다.

첫 번째, 사랑은 존재의 시작이자 존재의 완성입니다. 저는 이것을 창조의 근원이라 말하고 싶습니다.

둘째, 사랑은 존재의 이유입니다.

셋째, 사랑은 존재의 확인입니다.

세 번째부터 풀어 가겠습니다.

이상하게도 뒤에서부터 풀어나가면 한결 이해하기가 쉽습니다. 이것을 귀납법이라 하지요.

여기 서로 사랑하는 연인이 있습니다. 남자는 그 여자를 사랑함으로써 그 여인이 자기 자신의 애인임을 알게 되고, 여자는 그 남자를 사랑함으로써 그 남자를 자기 자신의 애인으로 받아들입니다. 이렇게 사랑을 통하여 '애인'이란 존재를 서로 확인하게 됩니다.

결혼을 하면 남자는 사랑하는 그 여인이 자기의 부인이라는 사실을 알게 되고, 여인은 사랑하는 그 남자가 자신의 남편이라는 사실을 받아들입니다. 사랑함으로써 서로 '부부'라는 존재를 확인하게 됩니다.

자식이 생기면 사랑하는 그 아이로 인해 남자는 아빠라는 존재로, 여자는 엄마라는 존재로 자리 잡고, 이제 '부모'라는 존재를 확인하게 됩니다. 사랑은 이렇게 서로의 존재를 확인하게 해줍니다.

부모도, 자식도, 친구도, 동료도, 사제지간에도, 상사와 부하직원 간에도 마찬가지입니다.

사람이 왜 자살을 합니까? 자기 자신을 미워하기 때문이요, 자기 자신을 사랑하지 않기 때문입니다. 자살하여 죽으면 없는 존재, 즉 비존재가 됩니다.

방을 한번 둘러보십시오. 어떤 물건은 한 달에 한 번도, 어떤 물건은 석 달에 한 번도, 심지어 어떤 물건은 2년 동안에 한 번도 사용한 적이 없는데도 선뜻 버리지 못합니다. 왜냐하면 아직은 그 물건에 대해 애착이 남아 있기 때문이요, 아직은 그 물건을 사랑하기 때문입니다.

그 물건에 대한 애착을 끊으면, 그 물건에 대한 사랑을 정리하면 그 물건은 없어지고, 사라지며, 폐기처분 됩니다. 즉 비존재가 됩니다.

존재한다는 것은 자기 자신을 사랑하고 있거나 그 누군가로부터 사랑받고 있기 때문입니다. 존재한다는 것은 그 밑바탕에 사랑이 깔려 있다는 의미이며 사랑이 있는 한 존재하게 되어 있습니다. 사랑이 없이 존재할 수 있는 것은 아무것도 없습니다. 사랑은 존재의 이유입니다.

사랑의 가장 중요하고 가장 큰 역할은 모든 존재를 창조하고 완성시킨다는 것입니다. 사랑은 모든 것의 시작부터 마무리까지 항상 함께합니다.

영희는 장미꽃을 키우고 싶습니다. 들에도, 남의 집에도, 정원에도, 꽃집에도 많은 장미꽃이 피어 있으나 영희는 영희만의 장미꽃을 키우고 싶습니다. 장미꽃을 피우고 싶어 하는 마음, 장미꽃에 대한 애착, 장미꽃이라는 존재에 대한 사랑으로 영희만의 장미꽃이라는 존재가 창조되기 시작합니다.

영희는 신중하게 생각합니다.

빨간 장미꽃을 피울까? 흰 장미꽃을 피울까? 도자기용 화분을 쓸까? 플라스틱 화분을 쓸까? 밭의 흙을 사용할까? 산의 흙을 사용할까?

깊이깊이 '생각'한 다음—사랑이 일어나면 다음은 지혜가 뒤따릅니다—이렇게 하면 아름다운 장미꽃이 활짝 피어난다는 '믿음'을 갖고 '온 힘'을 다해 정성을 쏟아붓습니다. 바람이 불면 바람을 막아주고,

햇빛이 강하면 햇빛을 가려주고, 비가 오면 비를 피할 수 있는 곳으로 옮겨주고―지혜는 믿음과 정성으로 사랑의 결실을 맺습니다―하루, 이틀, 사흘… 시간이 흐르면 장미는 뿌리를 내리고, 줄기를 뻗고, 가지를 치며 꽃망울을 터뜨려 환하고 향기로운 장미꽃을 피웁니다.

이제 영희만의 장미라는 존재가 완성되었습니다. 환하게 피어난 장미를 보며 영희는 기쁨과 흐뭇함과 보람과 감동을 느끼고 경험합니다.

이렇게 사랑을 시작하여 사랑을 완성시킴으로써 우리는 사랑에 대해 많은 것을 느끼고 배우고 경험합니다. 기쁨, 즐거움, 보람, 감동, 흐뭇함, 달콤함, 짜릿함 등은 사랑을 완성 시켰을 때 나타나는 결실입니다.

물론 사랑한다고 해서 사랑이 다 잘되는 것은 아닙니다. 사랑을 시작했는데 사랑을 완성시키지 못했을 때에는 아픔과 괴로움을 느끼고 경험합니다. 분노, 좌절, 절망, 후회, 원망, 미련 등은 사랑을 이루지 못했을 때 느끼는 감정입니다.

사랑은 존재의 시작이요, 완성입니다. 창조의 시작이요, 끝이며 창조의 모든 것입니다.

사랑의 완성과 미완성이 함께 뒤섞여 만들어 가는 이야기를 '삶'이라 하며 '사연'이라 하며 때로는 '역사'라 합니다.

우리는 이 세상에 부모로부터 몸을 받고 태어나 일과 대상이라는 존재를 만나 사랑을 시작하고 사랑을 완성 시켜가며 사랑에 대한 다양한 경험을 합니다. 많은 존재들을 만나 사랑을 나누면서 사랑에 대한 느낌과 경험을 배우고 익히며 사랑에 대한 다양한 공부를 합니다.

이것이 우리가 살아가는 이유입니다. 우리는 사랑과 함께 존재하게 되어 있으며 사랑과 함께 살아가게끔 되어 있습니다.

사랑이 깨끗하면 지혜도 깨끗하게 나타나고, 믿음도 깨끗하게 나타나고 행동과 결과도 깨끗하게 나타납니다.

사랑이 순수하면 지혜도 순수하게 나타나고, 믿음도 순수하게 나타나고 행동과 결과도 순수하게 나타납니다.

사랑이 부실하면 지혜도 부실하게 나타나고, 믿음도 부실하게 나타나고, 행동과 결과도 부실하게 나타납니다.

사랑이 모자라면 지혜도 모자라게 나타나고, 믿음도 모자라게 나타나고 행동과 결과도 모자라게 나타납니다.

이러한 원리로 우리가 바라보는 이 우주만물이 드러난 것입니다.

오늘은 사랑하는 영희의 생일입니다.

자기 가슴속에 영희에 대한 사랑을 마음에 간직하고 있으면 충분하지, 자기 마음속에 영희에 대한 사랑을 품고 있으면 충분하지 하고, 철수가 빈손으로 그냥 데이트 장소에 나가면 과연 영희의 표정은 어떠할까요? 아마 무난하게 흘러가지는 않을 겁니다.

그냥 마음속에 품은 사랑, 그냥 가슴속에 담아둔 사랑은 별 의미가 없고, 별 가치가 없습니다. 사랑은 표현되어야 가치가 있고 드러나야만 의미가 있습니다.

그래도 사랑은 그 자체로 중요합니다. 왜냐하면 사랑은 모든 것을 움직이고 드러나게 하는 근본 자리이며 성령 그 자체로 우리의 본래 모습이기 때문입니다. 아무리 지혜가 크다 한들 사랑이 없는 지혜는 작용할 수가 없습니다.

사랑이 일어나지 않으면 지혜가 움직일 이유도 없으며 사랑이 없으면 그 무엇도 존재할 수 없기 때문입니다. 존재가 없다는 것은 아직 사랑이 시작되지 않았다는 뜻입니다.

그러나 사랑의 목적은 드러나고 표현되는 것입니다.

『탈무드 임마누엘』을 보면 예수님은 이 성령을 '창조'라 표현하십니다.

> 들으시오! 창조는 인류 위에 신 위에 만물 위에 존재하십니다.
> 창조가 인간에게는 완전한 것으로 보이나 실제는 그렇지 않습니다.
> 창조는 '영'이며 따라서 살아 있기 때문에 창조 또한 자기 자신을 영속적으로 완전하게 해야만 합니다. 그러나 창조는 그 자체 내에서 하나이기 때문에 그것은 오직 사람들 속에서 사는 새로운 영혼을 창조하고 생성시켜서 그들을 고무하여 배우도록 하는 것입니다.
> 그럼으로써 창조도 이들 영혼의 배움을 통하여 진보해 나가며 또한 스스로를 완전하게 하는 것입니다.

성령인 창조는 인간을 창조하여 인간의 육신에 자기 자신의 일부인 '영'을 부여하였으며 인간은 살아가면서 다양한 사랑의 대상을 통하여 사랑에 대한 많은 경험을 느끼고 배우고 익히도록 되어 있으며 창조인 성령은 인간이 배운 바를 영혼을 통하여 받아들이고 이를 통해 자신의 완성을 향해 진보해 나아가는 것입니다.

사랑덩어리인 성령은 사랑을 품고 있을 뿐 사랑을 느끼고 경험할 수는 없으며 인간과 함께 '영'을 통해 사랑을 느끼고 경험하여 사랑을 익히고 배울 수 있는 것입니다.

가슴에 담아둔 사랑과 마음에 품고만 있는 사랑은 그림속의 꽃처럼 생기가 없고 향기가 없는 것과 마찬가지로 별 의미도 없고 가치도 떨어집니다. 사랑은 드러나야만 의미가 있고 사랑은 표현되어야만 가치가 있습니다.

성령은 그저 그 자체로 사랑을 품고만 있을 뿐입니다. 성령은 우리 인간을 통해서만이 사랑을 움직이고 드러낼 수 있습니다.

예수님은 『탈무드 임마누엘』에서 창조인 이 성령을 '영' 때론 '영혼'이라고 말씀하십니다.

> 영혼의 능력을 결코 의심치 마시오. 그것은 창조 그 자체의 한 부분이니 따라서 영혼의 능력에는 한계가 없습니다.
>
> 그대들은 그대들 스스로가 창조와 하나가 될 수 있도록 인간으로 태어나는 무수한 과정을 통하여 영혼과 의식을 훈련시켜서 완전하게 만들지 않으면 안 됩니다.
>
> ─『탈무드 임마누엘』

창조와 성령 그리고 사랑은 하나이며 같은 의미로 작용과 역할이라는 측면에서는 '창조'이며 속성과 본질적인 성품은 '사랑'이요, 일반적인 표현이 '성령'인 것입니다.

성령은 사랑이며 사랑은 존재의 시작이요, 존재의 완성, 곧 창조의 모든 것입니다. 존재한다는 그 밑바탕에는 사랑이 항상 함께하고 있으며 사랑이 움직인다 하는 것은 존재가 시작된다는 의미이며 하나의 사랑이 완성되면 하나의 창조가 이루어진 것입니다.

여기에서 예외란 없습니다. 항상 그러합니다.

성령은 사랑덩어리 그 자체이며 사랑의 시작과 사랑의 완성이 창조인 것입니다.

이 불성인 성령은 보이지 않으며 눈으로 볼 수도 없습니다. 인간의 오감으로 찾을 수 없습니다. 항상 우리와 함께하고 있음을 알고 느끼면 그것으로 충분합니다.

성령이 움직일 때에는 늘 사랑이 함께하고 성령이 일어나지 않는다는 것은 곧 사랑이 없다는 이야기이며 사랑이 없다 하는 것은 존재도 없는 것이고 사랑이 움직인다는 것은 곧 성령이 함께하고 있다는 의미입니다.

사랑하는 조카의 머리를 쓰다듬어 줄 때, 사랑하는 부모님께 카네이션을 달아 줄 때, 사랑하는 연인에게 꽃 한 송이를 전해 줄 때, 사랑하는 동료에게 커피 한 잔을 건네줄 때… 사랑이 움직이면 성령이 항상 함께 나타납니다.

왜냐하면 성령은 사랑이고, 사랑은 성령이기 때문입니다.

면벽구년으로 유명한 달마대사님의 일화입니다

달마대사의 이름이 천하에 울려 퍼지니 양나라 황제인 무제는 달마대사가 어떠한 사람인지 무척 궁금했습니다. 많은 수행원을 거느리고 소림사에 당도하니 달마대사는 면벽 중이라 합니다. 할 수 없이 마차에서 내려 손수 비탈길을 기어 올라가서 달마를 만나 물었습니다.

"대사! 나는 수백 개의 절을 짓고, 탑을 세우고, 경전을 제작해 배포했습니다. 나의 이러한 공덕은 얼마만 한 것입니까?"

달마대사가 답합니다.

"없습니다."

황제가 다시 묻습니다.

"대사! 어떠한 것이 성스러운 최고의 뜻입니까?"

"성스러운 것이 없습니다."

황제가 또다시 묻습니다.

"마주 앉은 당신은 도대체 누구십니까?"

"모릅니다."

5. 하늘나라

어려운 사람에게 자비를 베푸는 것을 '보시'라 합니다. 보시에는 재물을 베푸는 것과 올바른 삶의 길을 가르쳐 주는 것과 그리고 불안과 두려움을 없애주는 것, 이렇게 세 가지가 있습니다.

저는 우리 인간이 두려워하는 것을 두 가지로 이야기하고 싶습니다. 하나는 앞날에 대한 막연한 불안감, 즉 미래에 대한 불확실성이며 또 하나는 죽은 뒤에 죽음 너머의 일이 어떻게 되는지 알 수 없다는 것입니다.

불교에서는 사람이 죽으면 그 사람이 평소에 쌓은 공덕에 따라 극락과 지옥이 결정되며 기독교에서는 하느님과 예수님에 대한 믿음에 따라 하늘나라와 지옥으로 심판된다고 합니다.

> 자기 자신의 본 모습을 찾으십시오.
> 거기에 행복과 평화가 있습니다.
> 그 이외 다른 어떠한 곳에서도 행복과 평화를 찾을 수 없습니다.
> 자기 자신의 본 모습을 찾으십시오.
> 천당과 극락은 꿈속의 꿈입니다.

성철스님의 법문입니다. 하늘나라와 극락은 허망한 이야기이며 자기 자신의 본래의 모습을 찾는 것 이외에는 행복과 평화가 있을 수 없다고 하십니다.

정말 천당과 극락은 꿈속의 꿈일까요?

> 나는 길이요, 진리요, 생명이나니 나로 말미암지 않고는 하늘나라에 갈 자가
> 없느니라.

『성서』에 기록된 예수님의 말씀이나 『성약성서』에는 이렇게 표현되어 있습니다.

> 그러자 예수님께서 말씀하시길 "나는 길이요, 진리요, 생명이니라. 나는 하느
> 님의 그리스도를 나타냄이니 나와 함께 그리스도를 통하지 않고서는 아무도
> 하늘나라에 갈 수가 없느니라."

길이 있다는 것은 어딘가에 목적지가 있다는 뜻이며 목적지로 가기 위해서는 목적지에 맞는 정확한 길을 찾아야 할 것입니다. 목적지는 하나여도 목적지에 다다를 수 있는 길은 여러 갈래가 있을 수 있습니다. 산의 정상은 하나여도 등산길은 여러 갈래이듯이 말입니다.

어느 길을 선택해도 정상에 올라보면 A 등산길 정상, B 등산길 정상, C 등산길 정상과 같이 따로 있지 않습니다. 길은 여럿일 수 있어도 정상은 하나입니다. 길은 단지 목적지에 도달하기 위한 수단이요, 방법입니다. 길 끝에서 길은 목적지와 하나가 되나 역시 길은 길이고 목적지는 목적지입니다.

여기서 예수님이 말씀하신 길은 예수님의 말씀, 곧 가르침입니다.

예수님의 가르침을 자세히 살펴 따라 가다 보면 목적지에 도달하게 되는데 그 목적지는 곧 진리 자리요, 영원한 생명이 있는 자리요, 하늘나라의 문을 열 수 있는 키(key)가 있는 곳입니다.

진리란? 전지전능하신 하느님을 말함이며 변하지 않는 유일한 것입니다. 성령은 진리이며 변함과 다함이 없습니다.

—『성약성서』

예수님은 진리란 '변하지 않는 유일한 것'이며 성령이신 하느님이라 하십니다.

우리 단군성조님은 『천부경』, 『계전참경』, 『삼일신고』라는 세 권의 경전을 남기셨습니다. 그중의 하나인 『천부경』에는 다음과 같은 대목이 나옵니다.

일시무시일一始無始一 석삼극석三極 무진본無鎭本
천일일天一一 지일이地一二 인일삼人一三
일적십거一積十鉅 무궤화삼無匱化三
천이삼天二三 지이삼地二三 인이삼人二三
대삼합육大三合六 생칠팔구生七八九
운삼사運三四 성환오칠成環五七
일묘연一妙然 만왕만래萬往萬來
용변부동본用變不動本 본심본本心本
태양앙명太陽仰明 인중천지일人中天地一
일종무종일一終無終一

상당히 난해합니다. 단지 여기서는 '용변부동본'이라는 다섯 글자에 대해서만 살펴볼 것입니다.

쓰임새는 다양하게 변화되어 나타나나 그 근본은 움직이지 않는다.

예수님의 진리에 대한 말씀과 다르지 않습니다.

진리란 자기 자신은 변화하지 않으면서 모든 것을 변화하게 하는 것이요, 자기 자신은 움직이지 않으면서 모든 것을 움직이게 하는 것이요, 자기 자신은 드러나지 않으면서 모든 것을 드러나게 하는 것이요, 자기 자신은 표현되지 않으면서 모든 것을 표현되게 하는 것이요, 자기 자신은 작용하지 않으면서 모든 것을 작용하게 하는 것입니다.

예수님은 '변화하지 않는 오직 하나'인 그것을 성령이라 말씀하시며, 단군성조님은 본심이라고 하십니다. 또한 자성으로도 표현하십니다. 같은 표현을 달리 이야기하신 것으로 구태여 구분할 필요는 없습니다.

성령은 분명히 존재하지만 움직이지 아니하고 모든 것을 움직이며 드러나게 하는 원인이 됩니다. 변화하지 않는다고 하는 것은 '움직이거나 작용하지 않는다' 하는 것이고 움직이거나 작용을 하면 항상 변화가 함께 나타납니다.

> 바리새인들이 "하느님의 나라가 어느 때에 임하리이까?" 하고 묻거늘 예수께서 대답하여 가라사대 "하느님의 나라는 볼 수 있게 임하는 것이 아니요, 또 여기 있다 저기 있다고도 못하리니 하느님의 나라는 너희 안에 있느니라."

『성서』에는 이렇게 기록되어 있으나 『도마복음서』에 기록된 예수님의 말씀은 훨씬 더 생생하고 우렁찹니다.

> 예수께서 말씀하시니라.
> "만일 너희를 가르치는 자들이 너희들에게 '보라! 하늘나라는 하늘에 있다'라고 말한다면 하늘의 새들이 너희들보다 먼저 하늘나라에 갈 것이다. 그리고

만일 그들이 '하늘나라는 바다 속에 있다'라고 한다면 물고기들이 너희들보다 먼저 갈 것이다. 그러나 하늘나라는 너희 안에 있고 또 밖에 있느니라."

하늘나라는 우리 안에도 있으며 또한 밖에도 있다고 하십니다.

우리 밖에 있는 하늘나라는 너무 막막합니다. 갈릴리 호숫가에 있는지, 달에 있는지, 태양 너머에 있는지…

하지만 예수님은 분명하게 말씀하셨습니다.

하늘나라는 우리 안에 있다고,

우리 안에 있는 하늘나라를 우리는 어떻게 해야 볼 수 있고, 어떻게 해야 찾을 수 있을까요?

마음이 가난한 자는 복이 있나니 하늘나라가 저희 것이요.

『성서』에 기록된 예수님의 말씀이지만 『도마복음서』에는 이렇게 표현되어 있습니다.

가난한 자들에게 복이 있도다. 너희에게 하늘나라가 속하였기 때문이다.

마음을 가난하게 하면 가난해진 그 마음에 하늘나라가 살포시 내려앉는다고 하십니다.

마음이 가난하다는 말은 또 무슨 의미일까요?

"마음을 가난하게 하라."는 말씀은 마음은 엄청나게 부유하다는 전제하에 하신 것일 겁니다. 다시 마음으로 가야겠습니다.

마음으로 가기 전에 먼저 들러야 할 곳이 있습니다. 바로 사랑입니다.

저는 사랑을 세 가지로 이야기해 보렵니다.

첫째, 남을 위한 사랑입니다.

이것을 단군성조님은 '널리 인간을 이롭게 하라'고 말씀하시었고, 부처님은 '자비를 베풀어라', 장자님은 '덕을 쌓아라', 공자님은 '인을 행하라', 예수님은 '네 이웃을 네 몸과 같이 사랑하라'고 표현하셨습니다.

둘째, 사랑 아닌 듯한 사랑입니다.

철수는 자신을 사랑하여 아침 일찍 일어나 깨끗하게 세수를 하고, 자신을 사랑하여 깔끔하고 산뜻한 옷을 챙겨 입고, 자신을 사랑하여 맛있는 아침밥을 찾아 먹습니다.

이것은 지극히 당연한 일이지 않습니까? 하지만 그 밑바닥에는 자기 자신에 대한 사랑이 깔려 있습니다.

철수가 깨끗하게 세수를 한다고 해서 그 누가 괴로워하던가요? 깔끔하고 산뜻한 옷을 챙겨 입는다고 해서 그 누가 고달파 하던가요?

이렇게 자기 자신에게는 무척 보탬이 되면서 다른 그 누구에게도 피해를 주지 않는 사랑을 저는 '사랑 아닌 듯한 사랑'이라 하겠습니다.

셋째, 나 자신만을 위한 사랑입니다.

우리는 이것을 이기심이라 하며 에고(ego)라 표현합니다. 이제야 마음자리가 나왔습니다.

이 이기심인 에고는 크게 세 가지로 뿌리를 내립니다. 욕심과 성냄과 어리석음입니다. 부처님이 말씀하신 삼독입니다. 이 욕심으로 인해 많은 가지가 뻗어 나옵니다.

홈치고자 하는 마음, 빼앗고자 하는 마음, 사기 치고자 하는 마음, 공갈치고자 하는 마음, 협박하고자 하는 마음 등이 그것입니다. 성냄도 또한 많은 가지를 칩니다. 시비 거는 마음, 폭력을 쓰고자 하는 마음, 짜증 내는 마음, 살인하고자 하는 마음, 다치게 하고자 하는 마음 등이 일어납니다. 어리석음 역시 마찬가지입니다. 거짓말하고자 하는 마음. 술수를 쓰고자 하는 마음, 이간질 시키고자 하는 마음, 원망하는 마음, 증오하는 마음 등이 나타납니다.

조용할 때에 당신 안의 마음을 하나하나 적어 보십시오. 예수님의 말씀처럼 마음은 엄청난 부자란 사실을 알게 될 것입니다.

이제 예수님의 가르침대로 마음을 가난하게 해봅시다.

홈치고자 하는 마음, 사기치고자 하는 마음 등을 끄집어내어 쓰레기통에 버리고, 시비 거는 마음, 폭력을 쓰고자 하는 마음 등을 뽑아내며, 거짓말하고자 하는 마음, 술수를 쓰고자 하는 마음 등을 제거하고, 쓸데없는 마음을, 올바르지 않은 마음을 하나하나 지워나가면 달랑 사랑 하나만 남습니다. 비록 하나이지만 우주 전체이며 모든 것입니다.

이 사랑은 많은 아름다운 꽃을 피웁니다.

평화, 행복, 정의, 이해, 배려, 겸손, 양보, 예의, 인내 등 당신 안에 있는 많은 사랑의 꽃을 시간을 내어 한 번 찾아보십시오. 방 안이 환해질 것입니다.

가난한 마음이란 이기심을 제거한 사랑만으로 가득 찬 마음입니다.

철수 엄마는 사랑하는 철수를 위해 사랑 가득한 눈길로, 사랑 가득한 손길로 맛있는 식사를 준비하고, 깔끔한 옷을 챙깁니다. 철수 엄마는 사랑하는 가족을 위해 사랑 가득한 눈길로, 사랑 가득한 손길로 설거지를 하고, 방 청소를 합니다.

아침 일과가 끝나고 커피 한잔을 타서 한 모금을 마시면 철수 엄마는 흐뭇한 마음에 절로 미소가 번집니다. 이때 철수 엄마 안은 '천국'입니다.

베란다로 가서 창문을 활짝 열고 밖을 보니 많은 이웃들이 눈에 들어옵니다. 더러는 산보를 하고, 더러는 전송을 하고, 더러는 가벼운 운동을 합니다. 오늘따라 그 이웃들이 유난히 정겨워 보입니다.

고개를 들어 하늘을 보니 흰 구름 하나가 꼭 양 같습니다. 저 뒤에 조그만 구름은 새끼 양 같고요. 마치 새끼 양이 어미 양을 뒤따라가는 것 같습니다. 갑자기 까르르 웃음이 터져 나옵니다. 이때 철수엄마 밖은 '천국'입니다.

안이 천국이면 밖도 천국입니다.

새벽 1시인데 아직 철수 아빠가 들어오지 않았습니다. 철수 엄마는 화가 나고 철수 아빠가 미워지기 시작합니다. 2시가 다 되어서 철수 아빠가 들어왔습니다.

철수 엄마는 증오하는 눈빛으로, 화난 목소리로 고함을 지르고 잔소리를 퍼부어 댔습니다. 철수 아빠도 지지 않고 소리 높여 고함을 치고 변명을 합니다. 옷을 집어 던지고 의자를 발로 차며 한참을 옥신각신 한 후에 철수 아빠는 방으로 들어가 버립니다.

덩그러니 혼자 남은 철수 엄마는 남편에 대한 원망과 자기 자신에 대한 서글픔으로 눈물이 핑 돕니다. 이때 철수 엄마 안은 '지옥'입니다.

대충 걸쳐 입고 슬리퍼를 신고 밖을 나오니 바람이 유난히 썰렁합니다. 하늘을 보니 조그만 별들이 꼭 바보라고 놀리는 것 같습니다. 이 세상에 홀로 남겨진 듯합니다. 주위의 모든 것들이 미워지기 시작합니다. 이때 철수 엄마 밖은 '지옥'입니다.

안이 지옥이면 밖도 지옥입니다.

당신이 사랑 가득한 눈길로 바라보고, 당신이 사랑 가득한 생각으로 느끼고, 당신이 사랑 가득한 마음으로 움직일 때 당신 안은 천국이요, 당신 밖도 천국입니다.

이것을 불가에서는 한 발자국이 극락이요, 곧 지옥이라 이야기합니다. 사랑 가득한 마음으로 한 발자국을 움직일 때 그때가 극락이요, 사랑 아닌 마음으로 한 발자국을 움직일 때 그때가 지옥입니다.

하늘나라는 살아서 가는 곳도 아니요, 죽어서 가는 곳도 아닙니다. 하늘나라는 '항상 지금 여기 있음'입니다.

2,000년 전에도 '항상 지금 여기 있음'이요, 2,000년 후에도 '항상 지금 여기 있음'입니다.

> 이제 하늘에서 천국을 찾는 일을 중지하십시오. 바로 그대의 마음의 창을 활짝 여십시오. 그러면 빛이 환하게 비쳐들 듯 천국이 다가와서 한량없는 기쁨을 가져다줄 것입니다.

> 하느님께서 인간을 위하여 결코 하늘나라와 지옥을 만들지 않으셨습니다. 모두가 우리 마음이 만들어낸 것으로 자기들 마음대로 만드는 것입니다.
> —『성약성서』

생각이 바르게 나타나면 믿음 역시 바르게 나타나며 믿음이 바르게 나타나면 모든 행동과 결과 역시 바르게 나타나며 생각이 바르게 드러나는 것은 생각 이전의 사랑이 바르게 나타나기 때문입니다. 우리의 마음에 바른 생각을 일으키면 행동과 결과도 바르게 드러나 현실세계는 천국으로 나타나는 것입니다. 천국과 지옥은 우리 인간의 마음에 달려 있으며 결국에는 바른 한 생각 이전의 사랑입니다. 이 사랑을 어떻게 드러내느냐에 따라 천국과 지옥이 결정됩니다.

하늘나라에는 도대체 무엇이 있길래 예수님께서는 우리에게 하늘나라에 대해 그렇게 많은 말씀을 하셨을까요? 예수님께서 이것에 관한 중요한 가르침을 틀림없이 말씀하셨을 텐데 저는 찾지 못했습니다.

하는 수 없이 부처님 말씀으로 이 부분을 보충해야 하겠습니다. 왜냐하면 길은 달라도 진리는 하나이기에 정상에서 하나로 만나게 되기 때문입니다.

예수님의 가르침과 부처님의 말씀이 둘이 아니라 하나이기 때문입니다.

> 마음을 텅 비우면 텅 빈 그 자리에 온 존재계가 자리 잡고 그 자리가 곧 불성자리요, 해탈자리이다.

> 마음을 가난하게 하면 가난해진 그 마음에 하늘나라가 살포시 내려앉고 하늘나라에는 성령이 있고 영원한 생명이 있다.

예수님과 부처님은 모두 진리를 꿰뚫어 보신 분입니다. 예수님은 "나는 길이요, 진리요, 생명이나니…" 하셨고 부처님은 "여래는 항상 진리만을 이야기한다."고 말씀하셨습니다. 인류 역사에 있어서 자신의 말이 곧 진리라고 확신에 찬 목소리를 내신 분이 과연 몇 명이나 될까요?

쓸데없는 마음과 올바르지 않은 마음을 하나하나 제거해 나가면 마음은 가난하게 되며 마음은 텅 비워지게 되며 이 가난해진 마음과 텅 빈 마음에는 사랑으로 가득 채워집니다.

불성과 성령은 같은 의미이고, '영원한 생명'과 '해탈'은 또한 같은 말입니다. 이 부분은 따로 설명할 것입니다.

하늘나라에는 곧 성령과 영원한 생명이 있습니다.

> 그리스도께서는 아들과 딸을 어둠과 육욕의 무덤으로부터 빛과 영생으로 인도하리라.
>
> ―『성약성서』

저는 예수님의 생생한 육성을 듣고 싶었습니다. 그러나 예수님에 대한 공부를 하면서 느낀 것은 슬픔이었습니다.

비록 3년밖에 안 되는 공생애의 삶이지만『신약성서』는 겨우 200페이지 남짓한 분량입니다. 예수님의 가르침의 내용이 너무나 빈약합니다. 순수한 예수님의 말씀만 정리하면 과연 몇 페이지나 될까요?

또한 『성서』는 예수님의 말씀을 고치기도 하고, 보태기도 하고, 빼먹기도 하면서 예수님의 가르침이 더러 왜곡되어 있습니다.

부처님의 가르침은 너무나 방대하여 길을 찾기 힘이 든다면, 예수님의 가르침은 너무 부실하여 길이 자꾸 끊어집니다.

틈만 나면 성서 이외의 예수님의 말씀을 찾아 서점에 들러 책을 뒤지고는 했습니다.

그래서 만난 책이 『도마복음서』와 『성약성서』입니다.

특히 기독교에 관심이 있는 분과 정말 독실한 기독교인이라면 이 두 권만큼은 읽어야 한다고 생각하며 일반인에게도 적극 추천하고 싶습니다.

『성약성서』에서 예수님은 '인간은 진실과 거짓이 뒤섞인 묘한 혼합체이다.'라고 정의를 내립니다. 이 내용을 읽고는 예수님이 과연 무슨 뜻으로 그렇게 말씀하였는지 황당했고, 무엇을 의미하는지 궁금했습니다.

인간은 자기 자신을 드러낼 때 사실 그대로의 모습, 있는 그대로의 모습으로 진실되게 표현할 수도 있지만 반면에 거짓되게 왜곡되고 뒤틀린 모습으로 위장된 모습으로 꾸밀 수 있는 존재입니다. 우리 인간은 한없이 진실할 수도 있고 한없이 거짓된 모습으로 위장할 수도 있는 존재입니다.

예수님의 말씀처럼 우리 인간은 진실과 거짓이 묘하게 뒤섞여 있는 존재입니다.

> 인간이란? 성령의 기운이 육체가 된 것으로 진리와 거짓이 함께 결합하여 서로 어울려져서 투쟁하고 그럼으로써 무無는 가라앉아 인간은 진리로서 남게 됩니다.
>
> ―『성약성서』

성령인 사랑은 누가 창조했는지, 어떠한 이유로 성령인 사랑이 존재하게 되었는지는 저는 도저히 알지 못합니다. 성령인 사랑이 드러난 것 중에 하나가 우리 인간이며 성령이 창조한 많은 것 중에 하나가 우리 인간입니다.

성령은 진실인 진리이나 인간의 육체는 거짓이며 성령과 성령이 창조한 육체가 만나 우리 인간이 된 것입니다. 즉 진리인 진실과 거짓이 함께하는 묘한 혼합체가 우리 인간인 것입니다.

그럼 왜 인간의 육체는 거짓일까요? 거짓인 육체를 우리는 왜 굳이 안고 가야 할까요?

이 부분은 따로 이야기할 것입니다.

간단한 문제입니다. 한번 풀어보십시오.

당신 주위에 1m 되는 원을 그었습니다.

원 안에 있으면 곤장이 서른 대요, 원 밖에 있어도 곤장이 서른 대입니다. 어떻게 하면 곤장을 맞지 않을까요?

왠지 콜럼버스의 달걀이야기가 생각납니다.

6. 본성은 적멸하다

석가님의 가장 아름답고, 가장 위대하고, 가장 중요한 세 가지 가르침 중의 마지막입니다.

만물은 생멸生滅하나 내 본성은 적멸寂滅하도다.

존재는 크게 물질적 존재와 비물질적 존재로 구분할 수 있습니다.

눈으로 볼 수 있거나 귀로 들을 수 있거나 코로 냄새 맡을 수 있거나 혀로 맛볼 수 있거나 손으로 만져볼 수 있는 것은 물질적 존재로 이것을 만물이라 합니다. 물질적 존재는 생겨나면 언젠가는 사라져야 하고, 태어나면 언젠가는 죽어야 하고, 오면 언젠가는 가야 합니다. 석가님은 이를 '생멸'이라는 한 단어로 요약하였습니다. 여기서 벗어나는 만물은 있을 수 없으며 '생멸'은 어쩔 수 없는 만물의 숙명입니다.

적멸은 사라짐도 없고 죽음도 없으며 가는 것도 없다는 의미이며 사라지지 않기 위해서는 생겨나지 않아야 하며 죽음이 없기 위해서는 태어남이 없어야 하며 가지 않기 위해서는 오는 것이 없어야 합니다. 생겨남도 없고 사라짐도 없으며, 태어남도 없고 죽음도 없으며, 오는 것도 없고, 가는 법도 없는 것을 '적멸'이라 합니다.

'본성이 적멸하다'하는 것은 본성은 생겨나지 않기에 사라짐도 없고 태어나지 않기에 죽을 수도 없고, 오는 것이 아니기에 가는 법도 없어 이것을 적멸이라 한 것입니다.

본성은 생겨나는 법 없이 존재하며 태어나는 법 없이 존재하며 오는 법 없이 존재합니다.

본성은 사라지는 법 없이 존재하며 죽는 법 없이 존재하며 가는 법 없이 존재합니다. 본성은 '항상 지금 여기 있음'입니다.

우리는 부모로부터 몸을 받아 이 세상에 생겨났고 태어났습니다. 그럼 본성은 몸과 함께 이 세상에 생겨났을까요? 만약 그렇지 않다면 본성은 어디서 왔으며 어떻게 우리와 함께 존재하게 되었을까요?

몸과 함께 본성이 생겨났다면 몸이 사라지면 우리의 본성도 사라져야 할 것입니다.

석가님의 말씀처럼 본성이 적멸하기 위해서는 '생겨났다'하는 것은 있을 수 없고 본성이 우리의 몸과 더불어 이 세상에 생겨난 것이 아니라면 무슨 연유로 우리와 같이 존재하게 되었을까요?

일반적이고 전체적인 이름은 불성이요, 자성이며 성령이지만 품고 있는 성품이라는 측면에서는 본성이요, 마음이며 진아眞我라고 합니다. 같은 이름의 또 다른 표현일 뿐입니다.

> 마음을 텅 비우면 텅 빈 그 자리에 온 존재계가 자리 잡고, 그 자리가 곧 불성 자리요, 해탈자리이다.

마음은 텅 비울 수가 없습니다.
마음은 사랑으로 꽉 차 있습니다.
마치 밭이 흙으로 가득 채워져 있듯이 말입니다.

밭의 흙을 비울 수 있습니까?

마음을 비우면 사랑을 비워야 하고 사랑을 비우면 불성을, 성령을, 자성을 비워야 합니다.

성령은 태어나고 죽는 존재도 아니요, 생겨나고 사라지는 존재도 아닙니다. 그저 '항상 지금 여기 있는 존재'입니다. '항상 지금 여기 있는 존재'를 어떻게 비울 수가 있고, 채울 수 있겠습니까? 비울 수 있다면 어찌 '항상 지금 여기 있는 존재'라 할 수 있습니까?

여기서 석가님이 하신 말씀의 본뜻은 거울에 쌓인 먼지를 닦아 내듯이 불성에 쌓인 망상이라는 먼지를 깨끗하게 털어낸 상태를 이야기합니다.

마음 자체를 비우는 것이 아니라 마음에 묻은 망상이라는 먼지를 깨끗하게 닦아낸 상태를 텅 빈 마음이라 하신 겁니다.

여기 밭이 있습니다. 고추를 심으면 고추가 태어나고 오이를 심으면 오이가 생겨납니다. 고추를 수확해서 반찬을 해 먹으면 고추는 죽고 없어지고, 오이를 수확해서 반찬을 해 먹으면 오이는 사라져 없습니다.

밭에는 많은 작물들이 생겨나고 사라지며, 태어나고 죽으며, 오고 갑니다. 작물들이 사라졌다고, 작물들이 죽었다고, 작물들이 가고 없다고 밭이 사라집니까? 오이를 심으면 오이밭이 되고, 고추를 심으면 고추밭이 되었다가 오이가 사라지면, 고추가 가고 나면 밭은 여전히 밭으로 남아 있습니다. 작물이 없는 텅 빈 밭으로 흙으로만 채워진 밭이 됩니다.

밭은 생겨남이 없기에 사라짐도 없고, 밭은 태어남이 없기에 죽음도 없습니다. 밭은 적멸합니다.

마음은 밭과 유사합니다.

마음이 움직일 때 마음은 제일 먼저 생각을 일으킵니다. 마음에는 많은 생각들이 오고 가고, 생겨나고 사라지고, 태어나고 죽습니다. 공부 생각을 하면 공부 생각이 오고, 커피 생각을 하면 공부 생각이 가고 커피 생각이 태어나고 친구 생각을 하면 커피 생각이 죽고 친구 생각이 생겨나고, 숙제 생각을 하면 친구 생각이 사라지고 숙제 생각이 자리 잡습니다.

이렇게 마음은 생각의 밭입니다. 마음은 태어날 수도 없고, 생겨날 수도 없습니다. 항상 지금 여기 있을 뿐입니다. 사라지려야 사라질 수 없고, 죽으려야 죽을 수 없고, 가려야 갈 수 없습니다.

이것을 적멸하다 하며 본성인 마음은 '항상 지금 여기 있는 존재'입니다. 마음은 흙 없는 밭이며 또한 본성의 다른 이름입니다.

화두입니다.

옛날 계곡을 사이로 두 절이 인접해 있었습니다.

쥐가 많아 밥하는 스님들이 애를 많이 먹었나 봅니다. 그때 고양이 한 마리가 나타났고 두 절의 스님들이 서로 자기네 광에 갖다 놓으려고 고양이 한 마리를 사이에 두고 다툼이 벌어졌습니다. 큰스님이 밭일을 마치고 돌아오다 이 광경을 보니 무척 한심했는가 봅니다.

큰스님은 고양이를 뺏어 옆구리에 끼고는 낫을 들었습니다.

"내가 이 고양이를 살릴 것 같으냐? 죽일 것 같으냐?"

어느 스님도 말을 꺼내지 못했습니다.

큰스님은 혀를 끌끌 차고는 낫으로 고양이 목을 내려칩니다.

저녁 무렵 사랑하는 제자가 마을 심부름을 끝내고 큰스님에게 인사를 하러 왔고, 큰스님은 낮에 있었던 일을 이야기해 주면서 제자에게 묻습니다.

"만약에 너였더라면 어찌했겠느냐?"

제자는 마당에 주저앉아 짚신을 벗어 짚신을 머리 위에 올려놓았습니다.

큰스님은 고개를 끄덕이며 말했습니다.

"네가 있었더라면 그 고양이는 살 수 있었을 텐데…"

7. 삶은 무엇인가?

어둠, 밤, 그림자는 빛이 있으면 사라지고 빛이 없으면 생겨납니다. 어둠, 밤, 그림자는 빛에 의해 나타나는 한 현상일 뿐입니다. 실체가 없는 가짜이며 이것을 허상이라 하고 불가에서는 환상이라고 합니다.

우리 인간은 크게 몸과 마음으로 나눌 수 있습니다. 마음이 몸을 이끌고 통제를 합니다. 가끔은 몸이 저항을 하기도 하고 반항하기도 하나 수명이 다 하기 전에는 몸은 마음을 벗어날 수 없습니다. 마음이 주인이요, 몸은 하인입니다.

마음에 수명이 주어지면 몸이 생겨나고 수명을 거두면 몸은 사라집니다. 마음에 수명이 주어지면 몸이 태어나고 수명을 거두면 몸은 죽습니다. 몸은 수명으로 인해 나타나는 한 현상입니다. 실체가 없는 가짜이며 허상이요, 환상입니다.

이것이 예수님께서 인간을 진실과 거짓이 뒤섞인 묘한 혼합체라고 말씀하신 이유이며 인간은 허상이며 거짓인 육체에 진리인 성령이 함께하는 존재입니다.

그렇다고 몸은 시시하고 하찮은 것일까요? 아닙니다. 몸은 너무 소중하고 너무 중요한 존재입니다.

마음은 사랑을 품고 있을 뿐 그 자체로는 사랑을 드러내지 못합니다. 마음은 사랑을 담고 있을 뿐 그 자체로는 사랑을 표현하지 못합니다. 마음은 몸을 통하여 마음껏 사랑을 드러내고 마음은 몸을 통하여 마음껏 사랑을 표현합니다.

몸이 있으므로 부모를 만나 사랑을 느끼고, 배우고, 경험합니다. 몸이 있으므로 친구를 만나 사랑을 느끼고, 배우고, 경험합니다. 몸이 있으므로 동료를 만나 사랑을 느끼고, 배우고, 경험합니다. 몸이 있으므로 연인을 만나 사랑을 느끼고, 배우고, 경험합니다. 몸이 있으므로 부부가 되어 사랑을 느끼고, 배우고, 경험합니다. 몸이 있으므로 자식을 만나 사랑을 느끼고, 배우고, 경험합니다.

몸이 없으면 사랑을 드러낼 수도 없고, 표현할 수도 없습니다. 드러나지 않는 사랑, 표현되지 않는 사랑은 별 의미가 없고 별 가치도 없습니다.

그러나 몸은 언젠가는 보내야 할 존재입니다. 소중히 여기되, 중요하게 생각하되 집착하지 마십시오. 연연해 하지 마십시오. 어쩔 수 없는 유한계의 한계요, 물질계의 숙명이며, 상대계의 운명입니다.

우리의 고향은 영원한 생명자리요, 해탈자리인 불성자리요, 성령자리요, 마음자리입니다. 우리는 사랑을 느끼고 배우고 경험하기 위해 잠시 몸을 빌려 여기에 왔을 뿐입니다. 사랑을 느낄 만큼 느끼고, 배울 만큼 배우고, 경험할 만큼 경험하면 몸을 내려놓고 고향으로 돌아가야 합니다.

절대계에는 몸을 갖고 들어갈 수 없습니다. 무한계에는 몸을 갖고 들어갈 수 없습니다. 정신계에는 몸을 갖고 들어갈 수 없습니다.

우리는 이곳에 사랑을 느끼고 배우고 경험하기 위해 왔습니다. 사랑을 느끼고 경험하기 위해서는 사랑할 대상이 있어야 하고, 사랑할 장소와 과정이 필요합니다. 그래서 시간과 공간이 존재하며 대상인 물질이 필요한 것입니다. 유한계와 물질계요, 상대계인 이 세계에 몸을 갖고 우리 인간이 태어난 이유입니다. 불성인 성령은 사랑을 품고 있을 뿐 사랑을 느끼고 배우고 경험할 수는 없습니다.

사랑의 대상은 세 가지로 이야기할 수 있습니다.

첫째, 인간관계입니다.

둘째, 직업입니다.

셋째, 취미입니다.

사랑한다고 해서 다 사랑하고 싶은 것은 아닙니다. 때론 사랑해야 할 의무가 있고, 사랑해야 할 책임이 함께합니다. 부모라고 항상 사랑스러운 것은 아닙니다. 이것저것 간섭하고 잔소리를 하면 부모라도 가끔은 미워지고 싫어집니다.

자식이라고 항상 사랑스러운 것은 아닙니다. 저 스스로 큰 듯이 목에 힘을 주고 말을 안 듣고 사고라도 치면 내 자식이라도 미워지고 싫어집니다.

그래도 우리는 부모를 사랑해야 하고, 자식을 사랑해야 합니다. 사랑에는 사랑해야 할 의무와 책임이 항상 함께합니다.

직업도 마찬가지입니다. 아무리 자기 자신이 신중하게 선택했고 마음에 들었어도 가끔은 지긋지긋하고 짜증나게 마련입니다. 그래도 가족을 위해, 생활을 위해 그 직업을 사랑해야 합니다.

다만 취미는 다릅니다. 그저 사랑하면 끝입니다. 사랑해 줘야 할 의무도 없고 책임도 없습니다. 독서가 취미라 칩시다. 책 읽다가 졸리면 자면 그만이고 읽기 싫으면 내던져 두면 그만입니다. 책이 투정을 부립니까? 반항을 합니까? 취미는 당신을 구속하지도 않고 장애가 되지도 않습니다.

예수님의 아버님이 돌아가셨을 때 예수님이 어머님께 편지를 썼습니다.

> 어머님! 슬픔이 물밀 듯이 몰려올 때는 사랑하는 일에 몰두하십시오. 그 일이 모든 슬픔을 몰아내지는 못할지라도 어머님에게 많은 위안과 어느 정도의 평안은 줄 것입니다.

살다 보면 힘들 때도 있고, 슬플 때도 있고, 괴로울 때도 있기 마련입니다. 이때 당신의 이 취미 생활이 당신에게 어느 정도의 위안과 위로를 안겨 줄 것입니다.

숲을 한번 들어가 볼까요. 멋있고 쭉 뻗은 아름드리나무가 보기에 참 좋습니다. 그러나 자세히 살펴보십시오.

비바람에 부러진 나무도 있고 자리를 잘못 잡아 삐딱하게 자라고 있는 나무도 있고 큰 나무 사이에 끼여 잎이 노랗게 바랜 나무도 있습니다. 아름드리나무는 사랑을 시작하여 사랑을 완성시킨 나무입니다.

사랑이 잘되어 사랑이 완성되었을 때 우리는 사랑의 기쁨, 사랑의 즐거움, 사랑의 감동, 사랑의 보람 등을 느끼고 배우고 경험합니다. 사랑을 시작했는데 사랑이 잘 이루어지지 않았을 때 우리는 괴로워하고 아파합니다. 사랑에 대한 분노, 좌절, 슬픔, 후회, 아쉬움, 미련 등을 느끼고 경험합니다.

산다는 것은 사랑을 느끼고 배우고 경험하는 과정이요, 이야기입니다. 그것이 삶이요, 삶의 이유입니다.

새로운 영혼 하나가 창조되었을 때 그것은 아직 무지하기 때문에 사람의 육체 속에서 살면서 배우기를 시작합니다. 인간은 자신의 창조성을 펼치는 정도까지 스스로를 완전케 함으로써 마침내 창조와 하나가 됩니다. 이것이 애초부터 인간이 가야 하는 운명입니다.

창조는 '원존속原存屬'과 '원창조原創造' 법칙들의 적용을 받습니다. 이 '원존 속'과 '원창조'야말로 절대 가운데 절대이며 만물의 시작과 무한이며 그 자체로부터 창조된 것입니다. 육신 또한 다른 형태와 물실物實로 나타난 영혼의 한 부분입니다.

그러니 그것은 영혼과 하나입니다. 따라서 영혼과 육신은 둘이 아닙니다.

영혼의 두 부분은 지혜와 힘입니다. 지혜가 없으면 영혼의 능력은 활용될 수가 없으며 어떤 지혜도 영혼의 능력이 없이는 나타날 수 없습니다.

왜냐하면 바로 그러한 사랑이 태초 이래로 인간들에게 예정된 창조와 그 법칙들의 사랑이기 때문입니다.

— 『탈무드 임마누엘』

존속은 곧 존재와 같은 의미이며 존재의 법칙은 창조의 법칙과 동일합니다. 창조가 이루어졌다 하는 것은 존재하게 되었다는 것이며 존재한다는 것은 창조가 되었다는 뜻입니다. 창조인 성령은 성품이 사랑덩어리이기에 영혼의 능력은 곧 사랑의 능력으로 몸을 통하여 배우고 느낀 사랑의 경험은 영혼을 통하여 성령인 창조에게 전달되고 이러한 과정 속에서 인간은 완전하고 순수한 사랑을 익히게 되며 이렇게 익힌 사랑이 결실을 맺으면 인간은 성령인 창조와 하나가 됩니다. 인간은 창조 속에서 완성으로 성숙되고 또한 창조도 완성으로 익어갑니다.

창조인 성령은 곧 사랑으로 이 사랑이 드러나고 표현되기 위해서는 지혜와 힘이 필요합니다. 지혜는 이 사랑이 올바르게 그리고 제대로 작용하게 해 주는 장치이며 지혜가 없으면 사랑을 드러나게 할 수 없습니다. 사랑이 없으면 지혜 역시 존재할 수 없으며 사랑이 없는 지혜는 의미도 가치도 없습니다. 창조란 사랑을 드러내고 표현해 가는 과정이며 이 사랑을 완성시키기 위해 필요한 존재가 지혜이며 믿음과 에너지인 힘입니다.

> 가서는 자연의 법칙이 곧 창조의 법칙이며 인간의 영혼이 가지고 있는 힘이 삶을 구체화하는 것임을 널리 전하시오.
>
> —『탈무드 임마누엘』

영혼이 가지고 있는 힘은 곧 사랑의 힘입니다.

사랑이 구체적으로 드러난 것이 삶이며 사랑을 구체화시키고 실천하는 과정이 창조이며 그것을 삶이라 합니다.

성령인 사랑을 움직여 완성된 사랑으로 드러나게 하는 것이 곧 창조의 법칙이요, 자연의 법칙입니다.

암자에 유명한 고승이 와 있다는 소문을 듣고 한 스님이 그 고승을 찾아 그 암자로 걸음을 옮겼고, 방문을 노크하며 말했습니다.

"스님, 계십니까?"

고승은 갑자기 방문을 '꽝' 하고 열면서 허공에 일원상을 그립니다.

"스님! 저는 항상 지금 여기 있는데 번거롭게 일원상은 뭐 할려고 그리십니까?"

그러자 그 고승은 문을 닫아버립니다.

8. 가상cyber

장자님이 어느 날 자신이 나비가 되어 훨훨 날아다니는 꿈을 꾸고 깨어나서는 깊은 생각에 잠기었습니다.

'내가 나비가 된 꿈을 꾼 것이 아니라 어쩌면 지금 나비가 내가 된 꿈을 꾸고 있는 것은 아닐까?'

2,500년 전의 장자님이 우리에게 '현실은 무엇이며 가상은 무엇입니까?'라며 묻고 있습니다.

1970년대인 초등학교 시절에 친구들과 어울려 구슬치기로 해가 지는 줄도 모르고 놀았던 기억이 납니다. 그 당시에는 친구 여러 명이 함께 모여 구슬치기라는 하나의 현실을 공유했던 시절이며 컴퓨터가 없어 시뮬레이션이라 하는 가상의 세계는 없었던 때였습니다. 가상이 없이 현실만이 명확히 드러난 시대였으며 가상의 세계에 대한 인식 자체가 무의미했던 시절이었습니다. 하나의 현실세계만 존재했던 시대였으며 하나의 현실을 여럿이서 같이 공유했던 시대였습니다.

21세기에 접어들어 과학문명은 급속도로 발전에 발전을 거듭하였고 50대인 우리가 적응해 나가기에는 크게 힘든 시대가 되었습니다.

지금의 어린아이들은 컴퓨터를 활용하여 시뮬레이션이라는 각자의 가상세계를 만들어 현실세계와는 또 다른 세상에 사는 존재가 되었습니다. 한 발은 현실에, 다른 한 발은 가상세계에 걸쳐 있다고나 할까요.

현실은 하나이나 가상의 세계는 각자의 컴퓨터 수만큼이나 존재하는 시대입니다.

그래도 아직까지는 현실과 가상이 명확하게 구분이 됩니다.

2016년 일본의 닌텐도사가 '포켓몬 고'라는 컴퓨터용 게임을 발표했습니다. 컴퓨터라는 가상의 게임이 아니라 용어도 생소한 '증강현실' 게임이라 합니다. 증강현실이란 게임 자체에 가상과 현실이 함께 뒤섞인 게임으로 가상의 세계라 할 수도 없고 현실세계라 할 수도 없는 또 하나의 세계로 이루어진 게임입니다.

현실과 가상의 경계를 구분할 수는 있으나 그 경계가 허물어져 가상이 현실이고 현실이 가상이 되는 모호한 상태가 되어 버린 것입니다. 현실과 가상이 뒤섞이기 시작했습니다.

《매트릭스》라는 영화를 보셨습니까? 가상의 세계인 컴퓨터시스템 안에서 사람이 죽으니 컴퓨터 밖의 현실세계에서도 사람이 죽으며 컴퓨터 내의 가상세계는 더 이상 가상이 아니며 현실이 됩니다. 현실과 가상을 구분할 필요가 없으며 현실은 가상이 되고 가상은 현실이 되는 세상이 됩니다.

멀지 않은 장래에 우리는 그러한 세상에 살게 될 것이며 가상과 현실을 구분한다는 그 자체가 무의미해질 것입니다.

각자의 생각이 컴퓨터라는 대상을 거쳐 드러난 세계가 가상이요, 각자의 상상이 컴퓨터라는 대상을 거쳐 시뮬레이션화되어 나타난 세계가 가상이라면 A라는 사람은 자기가 원하는 하늘을 컴퓨터를 통하여 파랗게 색칠하고, B라는 사람은 자기가 원하는 하늘을 컴퓨터를 통하여 노랗게 물들이고, C라는 사람은 자기가 원하는 하늘을 컴퓨터를 통하여 불그스름하게 표현한다면 각자가 생각한 대로 컴퓨터를 통하여 각자의 하늘색을, 각자의 세계를 만들 수 있을 것입니다.

70억 명의 인간은 자기의 원하는 생각대로 70억 개의 하늘을 만들 수 있을 것이며 70억 명의 인간은 각자의 생각대로 컴퓨터를 통하여 70억 개의 세상을 창조할 수 있을 것입니다. 왜냐하면 컴퓨터로 만든 가상의 세계가 곧 현실세계와 다르지 않고 같아지기 때문입니다. 현실이 가상이요, 가상이 현실이 되기 때문입니다. 이러한 세계가 멀지 않은 장래에 현실로 다가올 것입니다.

전체적이고 일반적인 이름이 불성인 성령이라면 작용과 역할이라는 측면에서는 '창조'라 합니다. 창조가 시작되기 위해서는 성령의 본바탕이자 품성인 사랑이 맨 먼저 움직이기 시작하며 이 사랑이 드러내고자 하는 마음이 되어 생각, 곧 지혜를 일으키고 믿음과 에너지인 힘을 움직여 드러내고자 하는 대상을 만들어 갑니다. 드러내고자 하는 마음의 결과물이 창조인 것입니다. 이것이 창조의 시작에서 창조의 완성인 것입니다.

하나의 생각이 컴퓨터를 만나 시뮬레이션으로 나타난 것이 가상의 세계라면 하나의 상상이 컴퓨터를 통하여 드러난 것이 가상의 세계라면 이것은 창조가 아닙니다.

창조란 '무'에서 '유'가 만들어져야 하며 아무것도 없는 것에서 무언가 있음이 나와야 진정한 창조라 할 수 있습니다. 컴퓨터라는 '있음'에서 또 다른 '있음'인 가상이 나오는 것은 '본本창조'가 아닌 '준準창조'입니다. '유'에서 또 다른 '유'가 만들어진 것입니다.

비물질적 존재인 사랑과 지혜인 생각을 우리는 정신적 존재라 합니다.

이 사랑과 생각은 보이지도 않고 들리지도 않고 만져지지도 않으나 분명히 존재하고 있다는 것은 알고 있습니다. 사랑과 생각이 존재한다고 증명할 길은 없으나 우리의 인식 너머에 관념으로 분명히 존재합니다. 불성인 성령이 우리의 인식 너머에 존재한다는 측면에서는 '무無'라고 표현됩니다. 아예 없는 '무'가 아니라 분명히 존재하는 '무'입니다.

'무'에서 과연 '유'가 나올 수 있을까요?

정신에서 물질이 나올 수 있을까요?

생각만으로 사과가 만들어질 수 있을까요?

컴퓨터 없이 생각 그 자체만으로 가상의 세계가 만들어진다면 '무'에서 '유'가 나온다면 이것이 곧 진정한 창조인 것입니다.

생각 안에 최신형 컴퓨터가 내장되어 있다고나 할까요.

일단은 아무것도 없는 '무'에서 무언가 있음인 '유'가 나올 수 있다는 것을 사실로 받아들이십시오. '무'에서 어떻게 '유'가 나올 수 있는지에 대해서는 따로 설명할 것입니다.

> 신앙에 의해서 마음을 정결하게 된 사람에게는 베일이 걷혀져서 죽음은 단지 환영적이라는 사실을 알게 되는 것입니다.
>
> ─『성약성서』

지혜로운 자에게 죽음은 단지 상상의 산물인 허상일 뿐입니다.

> 만물은 사상이다. 모든 생명은 사상의 활동이며 수많은 실존의 형태들은 단지 하나의 커다란 사상이 명확히 표현된 하나의 국면이다. 보라, 하느님은 사

상이며 사상은 하느님이다.

너희 생각으로부터 너희 현실이 드러난다.
너희 발상으로부터 너희 미래가 나타난다.

그리고 예수님께서 말씀하셨습니다.
"하늘과 땅에서 가장 위대한 권능은 사념입니다."

—『성약성서』

예수님은 생각을 사상과 사념 그리고 지혜로도 표현하고 있으며 우주만물은 단지 이 생각이 반영된 것이며 하늘과 땅에서 가장 위대한 힘은 이 우주만물을 드러나게끔 하는 '생각' 그 자체라고 하십니다.

이 생각을 기본으로 하여 우리의 현실과 미래가 결정되고 이 생각이 바탕이 되어 우리의 행동과 결과가 정해지며 이 생각의 결과물이 이 우주만물인 것입니다.

성령인 사랑이 생각을 일으키어 드러난 세계를 현실이라 하고 인간이 컴퓨터를 통해 생각을 나타낸 세계를 가상이라 한다면 현실과 가상을 하나로 볼 수 있을까요? 현실과 가상을 같다고 할 수 있을까요?

부처님은 이 우주만물이 지地, 수水, 화火, 풍風이라는 사대가 인연 따라 모이면 생겨나고 흩어지면 사라지는 환영적인 존재로 무아, 즉 공이라 하였습니다.

라이터 불을 생각해 봅시다. 아직 라이터 불은 존재하지 않습니다. 사대가 인연 따라 만나지 못했기 때문입니다. 라이터의 몸체가 흙 성분인 지이며 가스가 물 성분인 수이며 라이터 돌이 불 성분인

화이며 주위의 공기가 바람 성분인 풍입니다. 지, 수, 화, 풍 이것을 사대라 합니다. 이 사대가 손에 힘을 주어 라이터를 켜게 되면 이것이 인연이 되어 사대가 모이게 되고 이로써 라이터 불이라고 하는 존재가 생겨납니다.

이 사대가 모이기 전까지는 라이터 불이라고 하는 존재는 생겨나지 않았습니다. 라이터 불은 사대라는 원인과 인연이라는 조건의 결과물일 뿐입니다.

라이터 불을 자세히 살펴보면 라이터 불은 단지 사대가 모여서 존재할 뿐이며 고유의 독자적인 자신인 라이터 불은 없는 것입니다. 라이터 몸체와 가스와 라이터돌과 공기가 모여 만들어진 존재로 그저 모양과 이름만 편의상 라이터 불이라 할 뿐입니다. 이 사대가 인연 따라 흩어지면 다시 라이터 불은 사라져 존재하지 않게 됩니다.

다시 라이터를 살펴봅시다. 이 라이터 역시 플라스틱인 몸체와 가스와 라이터 돌로 사대가 인연 따라 모여 이루어진 존재로 고유의 독자적인 자신인 라이터는 없는 것입니다. 가스인 물도 수소원자 두 개, 산소원자 한 개라는 원인과 조건으로 이루어진 존재로 물이란 존재도 원자라는 이름으로 해체되어 독자적인 자신의 이름은 없어집니다.

우리가 있다고 생각하는 것은 모든 것들은 독자적인 자기 자신의 독자적인 모습은 없고 어떠한 원인과 조건으로 인해 모이면 존재하고 흩어지면 사라지는 것입니다.

독자적인 자기 자신이 없다는 것은 다른 원인과 조건이 모여야 존재할 수 있으며 아무 원인과 조건 없이 홀로 존재할 수는 없다는 뜻입니다.

존재한다고 하는 것은 단지 원인과 조건의 만남이며 본래의 자기 자신이라 내세워 자신의 실상이라 주장할 수 있는 것은 아무것도 없습니다.

원인과 조건을 하나하나 해체해 나가면 결국은 아무것도 없는 공과 만나게 됩니다. 독자적인 자기 자신이 없는 것을 무아無我라 하며 이것을 공이라 합니다.

결국에는 생겨남, 곧 생生도 사라지고 사라짐, 곧 사死도 사라져 없어집니다.

독자적인 고유의 존재는 없으며 우리가 존재한다고 생각하는 것은 여러 원인과 조건이 만나 이루어진 결과물입니다. 이 결과물에 편의상 모양과 이름을 부여할 뿐입니다.

이것이 부처님은 '모든 존재는 환영이다.'라고 말씀하신 뜻입니다.

예수님은 '우주만물은 생각이다. 즉 생각이 드러난 국면이다.'라고 하시고 부처님은 '우주만물은 환영이다. 즉 실상이 없어 공이다.'라고 하십니다.

당신은 누구의 손을 들어 주시겠습니까?

> 해탈은 여래요, 여래는 열반이요, 열반은 다함 없음이요, 다함 없음은 불성이요, 불성은 결정적인 것이요, 결정적인 것은 아뇩다라삼 막삼보리(무상정각)이다.
> 해탈, 여래, 열반, 불성, 아뇩보리는 체는 같으나 이름만 다를 뿐이다.
> 그리하여 해탈과 열반을 증득하거나 불성을 분명히 보면 무상정각을 얻은 여래다.

해탈은 구속됨이 없이 자유롭다는 이야기이며 열반은 다 태워 꺼버렸다는 말입니다. 괴로움과 갈애渴愛와 집착集着에 구속됨이 없이 자유로운 상태를 해탈이라 하고 괴로움과 갈애와 집착을 다 태워 아무 찌꺼기도 없는 상태를 열반이라 합니다.

해탈이 열반이요, 열반이 곧 해탈입니다.

손가락을 움직여 보십시오.

손가락을 움직이게 하는 것은 손입니다. 이때 손은 체가 되고 손가락은 용이 됩니다. 손을 움직이게 하는 것은 팔입니다. 이때 팔은 체가 되고 손은 용이 됩니다. 팔을 움직이게 하는 것은 몸입니다. 이때 몸은 체가 되고 팔은 용이 됩니다. 몸을 움직이게 하는 것은 마음입니다. 이때 마음은 체가 되고 몸은 용이 됩니다. 마음을 움직이게 하는 것은 누구일까요?

용用은 '움직였다, 변화되었다, 작용했다, 표현되었다, 드러났다'라는 의미이며 작용하게끔 하는 본바탕을 체體 혹은 본체本體라 합니다.

염 부자라는 사람이 사리불에게 물었습니다.

"사리불이시여! 어떠한 것을 열반이라 합니까?"

"탐욕이 영원히 다하고, 성냄이 영원히 다하고, 어리석음이 영원히 다하고, 일체의 번뇌가 영원히 다하는 것을 열반이라 합니다."

"익히고 갈고 닦아 열반에 이를 수 있는 길이 있습니까?"

"예, 있습니다. 그것은 팔정도八正道입니다."

팔정도에 대해서는 뒤에 설명하겠습니다.

> 부처가 세상에 나오신 것은 중생을 건지기 위해서가 아니라 오로지 생사와 열반이라는 두 견해를 건지기 위해서이다.

부처님이 이 세상에 오신 것은 우리를 부처로 만들어 주려고 온 것이 아니라 우리 인간이 원래부터 부처였음을 확인시켜 주려고 오신 것이며 예수님 역시 우리 인간이 본래부터 그리스도였다는 사실을 확인시켜 주려고 오신 것입니다.

우리는 한순간도 부처를 떠나 존재할 수 없으며 성령인 그리스도로부터 벗어나 존재할 수 없습니다. 단지 에고라는 망상으로 인해 우리 스스로가 우리 자신을 인식하지 못할 뿐입니다.

> 하느님과 인간은 본시 하나였으나 세속적인 사상과 말과 행동으로 인하여 인간은 스스로 하느님으로부터 멀리 떨어져 나가 천박한 존재로 전락했음을 그들에게 가르치시기 바랍니다.
>
> 삶은 깨어나는 과정이자 깨달음의 과정이며 자신이 늘 그랬던 것으로 됨을 알게 되는 과정이다. 불가분의 존재와 재결합하는 과정이다. 실제로 재결합하는 것이 아니고 분리가 없었다는 것을 다시 알게 되는 것일 뿐이다.
>
> ─『성약성서』

하느님과 인간은 본시 하나로 분리될 수 없으며 인간의 이기심인 에고로 인해 하느님인 성령이 가리어져 있을 뿐이며 망상에 의해 부처의 성품인 불성이 가리어져 있는 것입니다.

에고인 망상을 걷어내면 내가 남이며 남이 나이며 우리와 우주 만물은 둘이 아니라 일체─體라는 사실이 드러날 것입니다. 나와 남이 하나가 되며 나와 우주만물이 둘이 아니라는 것, 이것이 '깨달음'입니다.

9. 견성

자기 자신의 참모습을 보는 것을 견성이라고 하며 이 참모습이 불성인 성령이며 자성이며 본성입니다.

'본다'는 것은 '알아챘다', '깨우쳤다'라는 의미이며 이를 '깨우침' 혹은 '깨달음'이라 하며 자기 자신의 참모습을 깨우친 것이 견성이며 견성한 사람을 우리는 부처라 합니다. 부처란 '불성을 깨우친 사람'이며 예수님은 이것을 '성령의 거듭남'이라 말씀하십니다.

'본다'는 것은 눈이라는 수단을 이용하여 대상을 알아채는 것입니다. 이 눈을 불가에서는 다섯 가지로 설명합니다.

첫째, 육안肉眼입니다.

육신에 있는 감각적인 눈으로 물질적인 대상만, 미래가 아닌 지금 이 순간만 인식하며 이 우주만물에서 이 두 눈이 볼 수 있는 부분은 너무나 미미하여 어쩌면 우주 전체의 수십조 분의 일도 되지 않을 것입니다. 두 눈으로 본다는 것은 그렇게 믿을 만한 일이 못 됩니다.

둘째, 천안天眼입니다.

육안으로 볼 수 없는 미세한 사물이나 먼 곳에 있는 것까지 알아챌 수 있으며 오지 않은 앞날도 내다볼 수 있습니다.

셋째, 혜안慧眼입니다.

'나가 없으며 모양이 없으며 사라지지 않는 그 바탕자리를 확연히 알아채는 눈으로 공과 무아를 근본으로 하여 무상한 일체사물의 본질을 꿰뚫어 보는 지혜의 눈입니다. 이 부분은 뒤에 다시 언급할 것입니다.

넷째, 법안法眼입니다.

육안, 천안, 혜안이 두루 밝고 그 바탕의 근본 섭리와 연결고리를 알며 모든 선과 악, 있고 없는 양극을 초월해서 걸림으로부터 벗어날 때 갖추어지는 눈입니다.

다섯째, 불안佛眼입니다.

치우침이 없고 나와 남이 없고 생사번뇌의 양극을 떠나서 막힘이 없는 영원히 청정한 부처의 눈입니다.

불성을 깨우치는 것은 존재의 본질을 올바르게 아는 것이요, 올바르게 알기 위해서는 올바르게 바라보아야 하며 올바르게 바라본다는 것은 존재의 실상을 있는 그대로 왜곡됨 없이 자세히 살펴보는 것입니다. 올바르게 바라보기 위해서는 혜안, 즉 지혜의 눈을 밝혀야 하는 것입니다.

> 기특하도다! 중생들이여! 모두 다 불성을 온전히 갖추었구나, 다만 망상으로 인해 불성이 가리어져 있구나.

여기서 일체중생 개유불성一切衆生皆有佛性(모든 중생은 불성을 가지고 있다)이라는 말씀이 나왔으며 더 발전하여 불즉아 아즉불佛卽我我卽佛(부처가 나요, 내가 부처이다)이라고 하는 위대한 가르침이 나타난 것입니다.

중생은 '존재'이며 존재하는 모든 것들은 존재의 실상인 불성을 갖추고 있습니다. 존재의 껍질인 허상을 자세히 살펴보면 존재의 실상인 불성이 환하게 드러납니다.

이 불성을 깨우치는 것을 석가님은 만개의 연꽃이 한꺼번에 피는 것과 같다고 하였습니다. 참으로 장엄하고, 황홀할 겁니다. 사방팔방이 온통 연꽃이요, 온 세계가 연꽃 향기로 가득 차 있다고 생각해 보십시오.

한 스님이 제자들에게 물었습니다.

"보름달 이전에 대해서는 묻지 않겠다. 보름달 이후에 대해서 일러 보거라."

어느 제자도 입을 열지 못했습니다.

스님이 말했습니다.

"나날이 새롭다."

불성을 깨우치지 못한 상태를 보름달 이전이라 하며 불성을 깨우친 것을 환한 보름달이 떠 있는 것과 같다고 하십니다. 불성을 깨우치면 깨우친 이후의 생활은 매일 새로운 날의 연속이라 하십니다.

우리 단군성조님은 이 자리를 크게 빛나고 밝은 자리라 하여 '대광명'이라 하십니다.

이 깨달음은 크게 혜오와 돈오로 이야기합니다. 경전을 통해 지혜를 헤아려 깨달음을 얻는 것을 혜오라 하고, 참선을 통해 단박에 깨달음을 얻는 것을 돈오라 하며 곧바로 마음 한 자리를 깨우치는 수행법입니다. 혜오든 돈오든 목적지는 '깨달음' 하나인데 도달하는 길이 두 가지일 뿐입니다.

생각이 일어나지 않는 자리, 생각이 끝난 그곳에서 더 이상 생각을 일으키지 않을 때, 즉 모든 생각이 끊어진 자리, 에고인 망상을 비운 자리, 욕심과 분노와 어리석음에 대한 생각이 일어나지 않는 자리, 그 자리에서 불성이 드러나며 그 자리에서 불성을 볼 수 있으며 그 자리가 깨달음의 자리입니다.

여래는 필요에 따라 작용을 한다.

부처님은 자기 자신을 가끔은 '여래'라고 표현합니다. 부처님은 움직일 필요가 있을 때, 말씀을 해야 할 필요가 있을 때 그때 생각을 일으켜 움직이고, 말씀을 하셨습니다.

필요가 없을 때는 생각을 멈추고, 더 이상 생각을 일으키지 않으셨습니다.

생각을 일으키지 않을 때 그때 부처님은 절대계에 존재하고, 필요할 때만 생각을 일으켜 상대계로 내려오신 것입니다. 필요에 따라 절대계와 상대계를 마음대로 넘나드신 분이었습니다.

불성을 보게 되면, 깨달음을 얻게 되면 자기 자신을 알게 됩니다. 자신의 본래의 모습을 알 수 있습니다.

가고 오는 것이 무엇이며 어디서 와서 어디로 가는지, 왜 오고 가는지, 나와 남이 무엇이며 왜 나이며 왜 남인지, 무엇이 자기 자신을 구속하며 왜 구속하는지…

그러므로 인류로 하여금 조심하고 깨어 있게 하시오. 왜냐하면 창조의 법칙들이 말하길 오직 영속과 진리와 지혜만이 영원불변하는 것이라 하였고 또 실제가 그러하기 때문입니다.

그대들 스스로 새로운 가르침을 배운다고 하는 멍에를 매시오. 그것은 깨달음이니 그 안에서 그대들은 삶을 위한 평화를 찾을 것이기 때문입니다.

내가 진실로 말합니다. 생명과 진리에 대한 깨달음은 자기 스스로의 생각을 통해서 얻거나 비유로 주어진 비밀을 풀어냄으로서 얻는 것만이 가치가 있고 보람이 있는 것입니다.

그리고 나서 임마누엘은 제자들에게 말씀하셨습니다.
"나의 가르침을 따르고자 하는 사람은 누구나 스스로 진리와 깨달음과 이해를 찾아야 하는 짐을 져야만 합니다."

— 『탈무드 임마누엘』

오쇼 라즈니쉬의 일화입니다.

오쇼님의 가르침은 너무나 혁신적이고 너무나 변혁적이어서 기존의 종교와 많은 마찰과 갈등을 빚었습니다. 한 종교계에서 오쇼님의 비리와 약점을 캐기 위해 도청장치를 설치했었고 오쇼님이 그 사실을 알고 경찰에 고발했습니다.

경찰이 묻습니다.

"아니, 깨달은 사람이 어찌 집안에 도청장치가 설치되어 있는 것을 모를 수 있습니까?"

"깨달았다는 것은 자기 자신이 누구인지를 안다는 것이지 집안에 도청장치가 설치되어 있다는 것을 아는 것은 아니오."

10. 콧구멍 없는 소

경허스님이 방에서 낮잠을 즐기고 있을 때 두 스님이 툇마루에 앉아 이야기를 나누는 소리에 잠이 깨었습니다.

"중이 일은 안 하고 게으름 피우면 죽어서 소가 되어 죽을 때까지 실컷 일을 해야 된대⋯."

"그럼, 콧구멍 없는 소가 된다고 말을 하지⋯."

경허스님은 이 '콧구멍 없는 소'의 이야기를 듣고 대오각성을 했다고 합니다.

지금은 소가 별로 하는 일 없이 젖소는 우유를 제공하고 일반 소는 고기를 생산하나 50년 전만 해도 소는 집 다음으로 가는 큰 재산이었으며 가족의 일원이었습니다. 소달구지에 무거운 짐을 실어 나르는 짐꾼이었으며 논을 갈고 밭을 일구는 없어서는 안 될 큰 일꾼이었습니다. 사람이 혼자 하기 힘든 일과 여러 사람이 해야 할 일을 소는 불평 하나 없이 새벽부터 밤늦게까지 죽도록 일만 하고 죽어서는 가죽과 고기를 남기며 생을 마감합니다.

인간보다 4배나 무거운 소를 마음대로 부리기 위해 인간은 소의 콧구멍을 뚫어 코뚜레를 만들었고 이 코뚜레를 이용하여 인간은 인간보다 훨씬 더 무거운 소를 원하는 대로 몰아 필요한 일을 시킬 수 있는 것입니다.

우리 인간에게 소의 코는 그저 우리 인간이 소를 부리기 위해, 코뚜레를 뚫기 위해 필요한 부분일 뿐입니다. 이 코뚜레로 소는 자기보다 훨씬 더 연약한 인간에게 이리저리 끌려 다니게 되었으며 자유를 빼앗겨 인간에게 구속된 것입니다. 소에게 있어 코뚜레는 자신의 자유를 옭아매는 장애물입니다. 콧구멍이 없다면 소의 코뚜레는 어느 곳에 뚫을 수 있을까요?

당신은 자유롭습니까? 그렇지 않다면 무엇이 당신의 자유를 가로막고 방해합니까? 무엇이 당신의 자유를 구속합니까?

한 사미승이 승찬 스님에게 물었습니다.

"스승님! 저를 해탈시켜 주십시오."

"무엇이 너를 옭아매고 구속하더냐?"

"나를 옭아매고 구속하는 것은 아무도 없습니다."

"그럼, 무엇을 해탈시켜 달라고 하는 것이냐?"

해탈이란 모든 장애와 구속을 벗어나 자유롭다는 이야기입니다.

우리의 몸과 마음의 자유를 구속하고 방해하는 것은 망상인 욕심과 분노와 어리석음입니다. 채워지지 않는 욕심, 풀리지 않는 분노가 괴로움의 원인이 되며 이 괴로움이 우리의 몸과 마음의 번뇌가 되어 몸과 마음을 구속하고 속박합니다.

괴로움은 어리석음에서 시작되며 이 어리석음을 밝히는 것을 지혜라 합니다.

어리석음을 환하게 밝히면 몸은 안정하게 되고 마음은 고요해져 내면의 평화가 찾아옵니다. 예수님은 이것을 '마음이 정결하다'고 언급하십니다.

괴로움이 왜 어리석음에서 비롯되며 어리석음을 환하게 밝히는 지혜에 대해서는 뒤에 언급될 것입니다.

욕심이 일어날 때 한발 뒤로 물러나 욕심을 지켜보십시오. 분노가 솟아날 때 크게 한번 호흡을 하고 분노를 바라보십시오. 어떠한 모양인지, 크기는 얼마나 되는지….

한순간을 뒤로 물러 자세히 살펴보면 욕심과 분노는 반으로 줄어들어 있을 것이며 또 한순간을 참고 자세히 살펴보면 욕심과 분노는 그 반의 다시 반으로 줄어들어 있을 것입니다. 그리고 어느 순간에는 욕심과 분노가 어디로 사라졌는지 찾을 수 없게 되며 자기 자신 안에서 서서히 연민이 피어나는 것을 느끼게 됩니다.

마음에 욕심과 분노가 지워지면 망상에 가려진 불성인 성령이 드러나며 성령의 본모습은 사랑이기 때문입니다. 연민도 사랑입니다.

욕심과 분노는 원래 없습니다. 바람이 불면 파도가 일듯이 외부의 안 좋은 영향이 마음을 흔들면 욕심과 분노가 생겨나는 듯할 뿐입니다. 바람이 멎으면 파도가 사라지듯이 시간이 흐르면 욕심과 분노도 원래 없는 자리로 돌아갑니다.

보는 자, 아는 자, 주의에 집중하는 자, 이것을 관찰자라 합니다.

먼저 몸과 몸 바깥을 자세히 살펴보고 오감—보고, 듣고, 냄새 맡고, 맛보고, 만져보는 것—이 어떻게 작용하는지 자세히 살펴보십시오. 몸과 몸 바깥을 보고 있다고 알아채고 있는 자가 누구입니까? 춥습니까? 춥다고 느끼고 있는 자가 누구입니까?

즉, 오감을 느끼고 있다고 생각하는 자가 누구입니까? 자신이 생각하고 있다는 것을 아는 자가 누구입니까?

이것을 지켜보고 있는 자, 알아채는 자로 불성인 성령입니다. 한 생각이 여기서 나오며 모든 것을 알아채는 자, 곧 관찰자이며 불성인 성령입니다.

　불성인 성령은 항상 당신의 생각과 오감 그리고 당신 이외의 것을 바라보고 있습니다.

11. 지혜

지혜란? 인간은 참다운 존재라는 것이며 하느님과 인간이 하나라는 것을 의식하는 것입니다.

— 『성약성서』

욕심과 분노와 어리석음을 삼독이라 하며 이 삼독인 망상이 자신의 참모습인 불성이 드러나지 못하게 가로막고 방해를 합니다.

삼독 중의 하나인 어리석음을 '무명無明' 혹은 '무지無知'라고도 하며 무명은 '밝음이 없다'라는 의미입니다.

지혜는 이 무명을 환하게 밝혀 존재의 실상을 있는 그대로 올바르게 꿰뚫어 보는 것입니다.

지혜로움과 깨달음과 깨우침은 서로 통하는 말입니다.

지혜는 자기 자신이 누군지 아는 것이요, 남(나 이외의 모든 존재)이 무엇인지 아는 것이요, 나와 남이 어떠한 관계인지 아는 것이요, 어떠한 생각이 올바른 것인지 아는 것이요, 어떻게 해야 올바른 생각을 일으킬 수 있는지 아는 것이요, 어떻게 해야 올바른 생각을 쌓을 수 있는지 아는 것이요, 왜 올바른 생각을 일으켜야 하는지 아는 것이요, 어떻게 살아야 올바른 것인지 아는 것이요, 무엇을 해야 하는지 아는 것입니다.

지혜만큼 밝은 눈이 없고 무지만큼 어두운 암흑이 없으며 영혼의 힘만큼 큰 능력이 없고 의식의 가난만큼 무서운 두려움이 없습니다.

지혜보다 더 고귀한 행복이 없고 지식보다 더 나은 친구가 없으며 또한 영혼의 힘 이외에는 달리 구원자가 없습니다.

무엇보다 먼저 사람들은 진리를 인식하는 것을 배우고 그리하여 창조의 법칙에 따라서 사는 것을 배워야만이 영적으로 지식을 갖게 되고 전능해질 수 있을 것입니다.

지혜는 인류의 가장 위대한 자산이며 창조된 의지 또한 마찬가지 입니다. 지혜는 사랑과 행복의 원천이 됩니다. 그러나 이 지혜와 의지, 사랑, 행복과 같은 모든 것도 영혼의 힘이 없이는 의미가 없습니다.

— 『탈무드 임마누엘』

영혼의 재산은 순결한 삶을 영위하는 데 있으며 하늘로부터 부여받은 지혜에 있습니다.

— 『성약성서』

예수님의 본명인 '임마누엘'은 '신의 지식을 가진 자'라는 의미이며 『탈무드 임마누엘』에서 가장 강조하는 두 가지는 창조와 지혜입니다. 우리 인간에게 항상 깨어있는 의식으로 살아갈 것을 강조하시며 왜 그렇게 되어야 하는지를 끊임없이 말씀하십니다.

더 많은 지식과 새로운 지혜를 배우고 익혀 무지로부터 벗어나 영혼을 완전하게 하여 창조와 하나가 될 것을 가르치십니다.

모든 사람들의 영혼은 스스로를 완전하게 하여 지혜에 도달해야 하는 사명을 가지고 하나씩 따로 창조된 것입니다. 창조는 그 자체가 순수한 영혼이며 따라서 그 자체가 무한한 힘입니다. 그것은 그 자체로서 한 개체이며 그밖에는 아무것도 존재하지 않기 때문입니다.

사람들의 영혼이란 사람들이 만들어 낸 것이 아니라 사람들에게 주어진 창조의 일부분입니다. 사람들은 이것을 깨달아 영혼을 완전하게 하여야 합니다.

—『탈무드 임마누엘』

예수님은 자기의 가르침이 어떻게 왜곡이 되고 뒤틀리는지에 대해 많은 경계의 말씀을 지적하시면서 우리 인류에게 조심과 주의를 당부하면서 예수님의 가르침을 그릇되게 변조하는 사악한 종파에 대해 신랄한 비판을 가합니다.

내가 하는 말의 뜻을 찾고 깨달으시오. 그대들이 뻔뻔스럽게도 나를 신의 아들 또는 창조의 아들이라고 부르고 심지어는 선과 악의 지배자라고 일컬음으로써 나를 모독하는 일이 없도록 하시오.

그대들의 영적인 보물을 쓰레기 같은 자들에게나 가치 없는 자들을 위해 낭비하지 마시오. 그들은 고마워하기는커녕 그대들을 찢어 발겨 버릴 것이니 이는 그들의 이해가 부족하고 영혼이 허약하기 때문입니다.

그대들이 지혜와 지식에 접근하고자 할 때 이를 막는 자들을 주의하시오. 그들은 단지 그대들에게 영향력을 미침으로써 그대들의 재물과 소유물들을 차지하기 위해 말하는 것뿐입니다.

많은 종파들이 나의 이름을 내세워 설립될 것입니다. 그러나 단지 인간의 의식과 자유를 예속시킬 목적에서이며 따라서 인간들과 땅과 돈에 대해 큰 통제력을 갖기 위해서입니다.

— 『탈무드 임마누엘』

'예수믿음 천국'이라는 고정된 틀 속에서 이 가르침이 진리의 모든 것처럼 받아들이는 많은 사람들을 보면 슬프고 안타깝습니다. 항상 열린 마음으로 그저 여러 가능성 중의 하나로 바라보십시오. 또 이러한 가르침으로 사람들을 이끌어 가는 교회 관계자에게는 분노를 느낍니다. 성스러운 직업이라 하여 '성직'을 교육과 종교, 이 두 직업을 이야기하는 이유는 이들이 사람들의 삶에 너무나 많은 영향을 끼치며 삶의 방향을 좌지우지하기 때문입니다. 교회 관계자들은 자신들이 과연 신도들을 옳은 방향으로 이끌어가고 있는지 진지하게 고민해 봐야 합니다.

회개하고 진리와 지식으로 향해 돌아서시오. 진리와 지식만이 그대들에게 생명을 가져다줄 것이기 때문입니다.

많은 사람들이 나에 대한 그릇된 가르침을 따를 것이며 그 때문에 진리를 발견하지 못할 것입니다. 이는 그들이 나를 신으로 또는 신의 아들로 심지어는 창조의 아들로 잘못 알 것이기 때문입니다.

창조의 법칙 가운데에서 가장 중요한 계명은 이것이오. '지식의 지혜를 성취하라. 그럼으로써 그대들은 지혜롭게 창조의 법칙을 따를 수 있으리라.' 그 첫 번째 법칙과 동등한 법칙이 또 있으니 바로 이것입니다. '그대들은 오직 창조만이 전능함을 인식하라. 이는 창조만이 우주의 만물 가운데에서 불변하며, 따라서 영원하기 때문이니라.'

— 『탈무드 임마누엘』

『탈무드 임마누엘』에서 예수님은 베드로에게 다음과 같이 말씀하십니다.

> 진실로 내가 그대에게 말합니다. 그대의 무지로 인해 세상은 많은 피를 흘리게 될 것이니 이는 그대가 나의 가르침을 변조하고 사람들에게 사실과 다르게 퍼뜨릴 것이기 때문입니다. 그러나 그대는 아직도 나의 인내의 은총을 받고 있으니 그대의 무지를 뚜렷이 개선할 수 있는 여지는 있습니다.

은화 30냥에 예수님을 팔아먹은 사람은 가롯유다가 아니라 이름이 비슷한 바리새인 유다이하리옷이며 가롯유다의 본명은 유다이스키리옷이라고 이 복음서는 밝히고 있으며 유다이하리옷은 죄책감을 이기지 못해 나무에 목을 매어 자살했다고 언급되어 있습니다.

그리고 이러한 진실은 2,000년이 지난 후에야 변조되지 않은 예수님의 가르침이 세상에 드러난다고 합니다. 유다는 예수님의 열두 제자들 중에서 유일하게 글을 읽고 쓸 줄 알았으며 이에 예수님은 유다에게 특별히 이 복음서의 집필을 따로 지시합니다.

> 내 가르침이 진리임을 인정하고 커다란 용기를 내어 이를 전파할 사람, 사람들에게는 별로 대단하지도 않게 보일 그 사람은 2,000년이 지나서야만 나타날 것입니다. 따라서 2,000년 이내로 사람들이 알고 생각하게 될 때가 되면 내가 실제로 행한 가르침이 변조되지 않은 채 새로 드러나게 될 것이라는 것도 사실로 입증될 것입니다.

> 그러나 2,000년 내로 그것은 다시 새롭게 또 왜곡되지 않은 상태로 가르쳐질 것입니다. 그때에는 사람들이 이성적으로 되고 지식을 갖게 될 것입니다. 또한 그때는 바로 대변동을 예언하는 새 시대가 될 것입니다.
>
> ― 『탈무드 임마누엘』

12. 깨달음

산을 오르다보면 정상은 하나여도 정상으로 올라가는 길은 여러 갈래입니다. 깨달음이라는 정상은 하나여도 깨달음에 이르는 방법은 많이 있습니다. 불교에서는 크게 네 가지로 이야기하고 있으나 2,500년 전 부처님은 두 가지로 설명하였습니다.

여래는 항상 진리만을 말한다. 연각승도 진리이고 성문승도 진리이다.

부처님은 성문승과 연각승, 두 가지로 말씀하였으나 후에 보살승이 추가되었으며 중국으로 불교가 전파되어 중국만의 독특한 간화선이 나타나 불교의 꽃을 활짝 피우게 되었읍니다.

이같이 깨달음에 이르는 길은 크게 성문승, 연각승, 보살승, 간화선으로 이야기할 수 있습니다.

◎ 성문승

사성제四聖諦를 기본으로 하여 깨달음을 찾아가는 방법으로 고성제苦聖諦, 집성제集聖諦, 멸성제滅聖諦, 도성제道聖諦 이 넷을 사성제라 하며 '네 가지 성스러운 진리'라고 표현합니다.

고성제는 깨우치지 못한 사람은 살아가는 것이 괴로움이며 깨달음을 얻을 때까지는 계속 윤회하여 괴로움과 함께 한다는 '괴로움에 대한 진리'를 이야기합니다.

태어나는 괴로움, 늙어가는 괴로움, 병들어 가는 괴로움, 죽어야하는 괴로움은 존재가 있으면 항상 함께하는 괴로움입니다. 사랑하는 것과 헤어지는 괴로움, 미워하는 것을 만나야 하는 괴로움, 원하는 것을 얻지 못하는 괴로움은 살아가는 과정에서 나타나는 괴로움입니다.

항상함이 없는 자기 자신을 실체가 있는 '나'로 집착함으로써 나타나는 괴로움입니다. 즉 아집으로 인해 나타나는 괴로움입니다. 이 여덟 가지의 괴로움을 일반적으로 팔고八苦라 합니다.

집성제는 '괴로움의 원인에 대한 진리'로 깨우치지 못한 사람의 괴로움은 업과 번뇌에서 비롯되었으며 업과 번뇌는 갈애와 집착에서 시작된다는 가르침입니다.

즉 무아인 자기 자신에 대한 아집, '나는 이것이다. 이것은 나의 것이다. 나는 이러한 존재이다.'라고 하는 아집이 모든 괴로움의 출발점이 됩니다. 나라고 하는 아집에서 애증과 집착이 일어나고 이것이 업과 번뇌가 되어 괴로움이 시작됩니다.

멸성제는 '괴로움의 소멸에 관한 진리'로 이 세상에 괴로움이 있다면 괴로움이 없는 세계도 있을 것이며 있다면 그 세계에 도달할 수있는 길도 있다고 하는, 즉 괴로움의 원인을 제거할 수 있다는 가르침입니다.

도성제는 '괴로움을 소멸하는 길에 대한 진리'를 가르칩니다. 모든 괴로움을 없애고 해탈에 이르는 길은 무엇일까요? 그것은 여덟 가지 바른 길, 바로 팔정도입니다.

성문승은 무상하고 무아인 존재인 자기 자신을 실체라 집착함으로써 드러나는 괴로움을 고, 집, 멸, 도인 사성제로 설명하며 팔정도를 통하여 깨달음을 얻어 해탈할 수 있다고 합니다. 팔정도는 뒤에 다시 언급될 것입니다.

◎ 연각승

연각승은 십이연기법을 밝혀 깨달음을 얻어 연기에 대한 중도실상을 깨우친 사람을 뜻합니다. 연기법은 뒤에 따로 설명할 것입니다.

◎ 보살승

보살승은 연기법과 중도실상을 깨우치고 공에 대한 깨달음을 터득하여 육바라밀을 실천하며 중생을 구제하는 사람을 의미합니다.

성문승과 연각승이 자기 자신만의 깨달음을 얻어 자기 자신만의 해탈을 주된 목표로 한다면 보살승은 자기 자신만의 깨달음과 해탈 뿐만 아니라 다른 사람도 같이 구원하는 것을 목표로 합니다. 성문승과 연각승을 소승이라 하고 보살승을 대승이라 합니다.

유마거사라는 스님이 대오각성을 하여 해탈문을 열고 들어가려다가 조용히 해탈문을 닫고 뒤돌아 나오면서 이렇게 서원을 하십니다.

> 모든 중생들이 해탈하여 해탈문을 통과한 이후에 내가 마지막으로 들어가 그 해탈문을 닫으리라.

육바라밀은 보시, 지계, 인욕, 정진, 선정, 반야바라밀을 이야기합니다.

첫째, 보시는 타인에게 베푸는 행위를 말하며 재물을 베풀고 바른 길로 이끌어 주며 두려움과 근심을 덜어 주는 것과 같이 모든 것을 아낌없이 주는 행위입니다.

둘째, 지계는 계율을 지키며 마음가짐을 깨끗하게 하는 것입니다.

셋째, 인욕은 타인과의 조화와 평화로운 상태를 위해 참고 인내하는 행위입니다.

넷째, 정진은 일상생활에서 마음과 몸을 다하고 정신을 집중하여 노력하는 행위입니다.

다섯째, 선정은 마음을 고요하게 가라앉히고 바르게 사색하여 무상과 무아인 존재에 대한 집착을 벗어나는 행위입니다.

여섯째, 반야는 존재에 대한 차별을 일으키지 않고 집착이 없는 지혜로 선정을 통하여 나타납니다.

바라밀이란 모든 존재가 무상하고 무아인 이곳에서 해탈하여 '저 언덕에 이른 상태'를 의미하며 깨달음이 완성된 것을 말합니다. 한편으로는 완성을 이루기 위해 끊임없이 노력하는 실천적인 행위를 뜻하기도 합니다.

◎ 간화선

화두를 중심에 놓고 참선을 통해 곧바로 마음자리를 꿰뚫어 깨달음에 도달하는 수행법으로 경전에 의존하지 않고 말이나 글을 벗어나 언어나 문자로 표현할 수 없는 마음자리를 바로 관통하여 불성을 깨우치는 수행의 한 방법입니다.

성문승과 연각승은 소승불교, 즉 자기 자신인 '나'를 위주로 하는 불교의 한 수행법이라면 보살승은 대승불교, 즉 자기 자신뿐만 아니라 일반 중생을 같이 구제하고자 하는 수행법입니다. 부처님의 가르침이 인도에서 시작하여 중국에서 간화선이라는 획기적인 형태로 완성되었으며 간화선 이전의 수행법이 경전 위주의 가르침이라면 간화선 이후로 경전에 얽매이지 않는 경전 이외의 가르침으로 수행법이 완성된 것입니다.

미혹에서 벗어나 존재의 본질을 꿰뚫어 깨달음에 도달하는 수행법은 이것 이외에도 다양하게 존재하나 자기 자신의 근기에 맞는 수행법을 하나 선택하여 꾸준하게 해나가는 것이 중요합니다. 스님이 되거나 학위를 취득하거나 직업의 하나로 이러한 수행법이 꼭 필요한 경우가 아닌 평범한 일반 사람이라면 가벼운 명상과 독서로 충분하다고 생각합니다.

깨달음의 기본은 모든 존재의 실상을 자세히 살펴보는 곳에서 시작됩니다.

13. 영혼

예수님은 불성인 성령을 때로는 '영' 혹은 '영혼'이라 하였습니다. 영혼은 분명 우리 내부에 존재하고 있으나 있음을 증명할 수 있는 방법은 없습니다. 볼 수도 없고 들리지도 아니하며 만질 수도 없습니다. 물론 영혼의 존재를 아예 믿지 않는 사람도 있으나 성령의 본 성품은 사랑입니다. 사랑이 존재하는 그 자리에 성령인 영혼은 항상 함께합니다.

> 육체에 깃들어 마음의 작용을 맡고 생명을 부여한다고 여겨지는 비물질적 실체이다.

백과사전에 기술된 영혼에 대한 정의입니다. 차라리 사랑에 대한 정의로 받아들여집니다.

영혼이 인간에게 생명력을 부여하고 마음의 작용을 맡고 있는 것이 사랑의 역할과 다르지 않기 때문입니다.

인간이라는 존재는 몸과 마음과 영혼으로 나뉘어 나타납니다. 기독교에서는 몸이 옷을 입는 것처럼 영혼에게 입혀진 옷이 몸이며, 몸은 영혼이 존재하는 임시거처로써 영혼은 불멸하며, 자아는 영혼에 귀속되어 몸이 생명을 다하면 하나님과 예수에 대한 믿음에 따라 영혼은 심판을 받아 천국과 지옥이 정해진다고 합니다.

자아를 차라리 마음이라 여기면 더욱 또렷해질 것 같습니다. 유교는 종교라기보다는 차라리 철학에 가까우며 영혼에 대한 개념이 없으며, 사후에 대한 가르침은 없습니다.

도교는 영혼에 대한 내용은 없고 대신 장생불사라는 신선사상으로 발전해 왔습니다.

부처님은 존재하는 모든 것은 고정된 실체가 없고 변화하지 않는 것이 없으므로 무아無我이며 불멸의 존재로서의 영혼을 받아들이지 않으며, 영혼과 몸은 그림자와 같이 실체가 없이 연기법에 의해 만들어지고 연기법에 따라 흩어지는 존재로 파악합니다.

오쇼 라즈니쉬는 『반야심경강해』(정신세계사)에서 영혼을 그냥 영이라 표현하며 네 가지 영으로 설명합니다.

'카테 카테 바라카테 바라승카테 보디스바하.'

이것을 음역하여 '아제 아제 바라아제 바라승아제 모디스바하'라고 번역되어 있습니다.

'가는 이여! 가는 이여! 피안으로 가는 이여! 피안으로 온전히 가는 이여! 부디 이루어지소서.'

첫 번째, 가는 이는 무생물—쇠, 흙, 돌 등—에 깃들어 있는 영으로 '잠자는 영'이라 하고, 두 번째, 가는 이는 식물—꽃, 나무, 버섯 등—에 깃들어 있는 영으로 '움직이지 못하는 영'이라 하며,

세 번째, 피안으로 가는 이는 동물—개, 새, 물고기 등—에 깃들어 있는 영으로 '깨어나지 못하는 영'이라 하며,

네 번째, 피안으로 온전히 가는 이는 인간으로 '깨어나려고 몸부림치는 영'이라고 표현합니다.

전체적인 면에서는 성령이지만 개개의 존재 각자로는 영, 혹은 영

혼이라 생각합니다.

우리 전체를 인간이라 하지만 인간 개별 각자는 나름대로 고유의 이름이 있는 것과 같습니다.

성령과 불성과 자성은 같은 이름의 다른 표현이라 하였습니다.

단군성조님의 말씀을 한번 보겠습니다.

자성구자 강재이뇌|自性求子降在爾腦
자성에서 구하라. 네 머릿골에 내려와 있느니라.

난자도 정자도 생명체의 하나이나 인간은 아닙니다. 난자에는 난자의 영이 있고 정자에는 정자의 영이 있을 뿐입니다. 존재하는 모든 것에는 영이 있습니다.

난자 하나와 정자 하나가 만나는 순간 난자와 정자는 그저 생명체가 아닌 인간으로 모습을 갖추기 시작하며, 이때 정자의 영과 난자의 영은 하나가 되어 인간의 영이 되고 영은 뇌와 작용을 하여 마음이라는 존재가 됩니다.

마음이 따로 존재하는 것이 아니라 영과 뇌의 합작품입니다.

영은 뇌와 만나 마음이 되어 영과 마음은 이제 하나가 됩니다.

우리 인간에게 영이 따로 마음이 따로 존재하는 것이 아니라 마음이 영이며 영이 마음이며 영과 마음은 하나가 됩니다.

영에는 의식이라는 생각의 씨앗이 들어있어 영이 만든 마음이라는 밭에 이 씨앗이 뿌려지면 영은 본래의 모습인 사랑으로 이 생각이란 씨앗을 품어 지극 정성으로 자라나게끔 합니다. 이것을 우리는 성장이라 하고 발전이라 합니다. 배움이라 하며 경험이라 합니다.

몸은 생각을 통해 마음에게 이야기하고 마음은 생각을 조절하여 몸을 길들여 우리의 사고와 몸을 다듬어 갑니다.

이것이 우리 인간입니다.

영을 70억 개로 나누어도 하나요, 70억 개로 합쳐도 하나입니다.

영은 늘어나거나 줄어드는 것이 없습니다.

늘어나거나 줄어드는 것은 물질적 존재에 해당되며 비물질적 존재인 영에게는 적용되지 않습니다.

홀로그램은 빛의 파동의 간섭현상을 이용하여 만든 필름에 의해 나타난 3차원 영상으로 필름 전체에 기록된 정보(기억, 인식, 연상)는 그 필름을 열 개로 나뉘어 열 조각으로 쪼개어도 자세히 살펴보면 열 조각 각자에도 필름에 기록된 전체의 정보가 그대로 드러나 나타납니다. 하나의 필름에도 전체가 나타나며 하나를 쪼개어 나눈 열 개의 필름에도 열 개의 전체가 드러납니다. 하나가 전체이고 전체가 하나이니 하나는 더 이상 하나가 아니며 전체는 더 이상 전체라 할 수 없으니 하나와 전체는 모든 것이자 하나입니다.

영도 마찬가지입니다. 성령에는 우주만물에 대한 모든 정보가 간직되어 있으며 성령을 70억 개로 나누어도 나누어진 영혼, 혹은 영에도 70억 개의 정보를 간직하고 있으나 하나인 전체의 정보의 크기나 내용은 70억 개의 정보의 크기나 내용과 차이가 없으며 동일합니다. 70억 개의 영혼을 모아도 하나의 영보다 클 수가 없으며 하나의 영을 70억 개로 나누어도 영의 크기는 결코 줄어드는 법이 없습니다.

하느님과 하느님의 분신인 우리가 하느님과 하나로 나타나는 이유는 하나에 모든 것이 있으며 모든 것이 하나와 다르지 않기 때문입니다. 영혼, 혹은 영에 기록된 우주 전체의 정보는 사상 혹은 의식이라고도 합니다.

USB에는 많은 정보가 기록되어 있으며 이 USB를 컴퓨터에 집어넣으면 컴퓨터 화면에 USB에 기록된 정보를 불러내기 위한 암호가 필요하며 이 암호를 입력하면 비로소 USB에 들어있는 정보를 볼 수 있게 됩니다.

마찬가지로 영에 기록된 우주 전체에 관한 정보를 알기 위해서는 암호인 영의 주파수와 우리 뇌에 있는 의식을 일치시켜야 하며 이 영을 깨울 수 있는 뇌의식 정도에 따라 영적인 각성은 다르게 나타납니다. 뇌를 깨울 수 있는 만큼 영적 수준이 결정됩니다. 평범한 일반인들은 일평생 이 뇌의식을 3에서 5% 정도 사용하며 많은 공부와 깊은 수양을 통해 뇌의 의식을 더욱 깊이 깨울 수 있습니다.

불성이자 성령인 영의 본바탕은 사랑입니다. 뇌의식을 100% 사용한다는 것은 사랑의 힘을 100% 나타낼 수 있다는 의미이며 뇌의식을 3에서 5%를 사용한다는 것은 사랑의 힘을 3에서 5%만큼만 나타낼 수 있을 뿐입니다. 뇌의 의식이 열리는 만큼 영적인 각성이 이루어지며 영적인 각성만큼 사랑의 힘이 드러납니다. 예수님이 말씀하신 영혼의 힘은 곧 사랑의 힘이며 뇌의식을 100% 깨우면 우주만물과 자기 자신은 하나가 되며 우주만물은 자기 자신의 뜻대로 움직여줍니다. 이것을 불교에서는 대오각성이라 하고 예수님은 성령의 거듭남이라 표현하셨습니다.

시제법공상是諸法空相 불생불멸不生不滅, 불구부정不垢不淨, 부증불감不增不減
모든 참된 존재는 공의 모습이니 태어남도 없고 사라짐도 없으며, 더러움도
없고 깨끗함도 없으며, 늘어남도 없고 줄어듦도 없다.

『반야심경』에 기록된 말씀입니다. 참된 존재인 불성이자 성령은 하나이며 모든 것이며 전부이며 부분입니다.

오쇼가 말한 무생물의 영은 영이 깨울 뇌가 없습니다. 쇠나 돌에 무슨 뇌가 있습니까? 그러니 잠잘 수밖에 없습니다. 무생물에 깃든 영은 '잠자는 영'이 되어 언제 깨어날지 모를 긴 잠을 자고 있을 것입니다. 마치 밭에 씨앗이 없어 씨앗을 기다리며 무작정 쉬고 있는 것과 같습니다.

그러면 식물은 뇌가 있을까요? 어느 학자가 나무가 심어져 있는 화분 두 개를 갖다 놓고 실험을 했습니다. 한 나무에는 전파측정기를 설치하고 다른 한 나무는 톱으로 무자비하게 베어 버리니 전파측정기를 설치한 나무가 다른 한 나무가 베어지기 전에는 안정적인 전파로 나타나더니 다른 한 나무를 베어 버리니 전파가 요동을 치며 불안정한 상태로 나타나더랍니다.

학자는 의아했습니다. 분명히 나무가 인식은 하는데 무엇을 통하여 인식을 하는지 알 수 없었습니다. 식물도 뇌는 있으나 우리가 알 수 없을 뿐입니다.

식물의 영은 인식은 하되 움직이지 못합니다. 밭에 씨앗은 뿌려졌으나 뿌리를 내리기 전의 밭입니다. 그래서 식물에 깃든 영을 '움직이지 못하는 영'이라 합니다.

동물은 분명히 뇌는 있으나 용량이 너무 작습니다. 본능적이고 충동적인 행동이 전부입니다. 깨어나기에는 너무 부족하여 '깨어나지 못하는 영'이라 합니다. 마치 밭에 뿌려진 씨앗이 뿌리를 내리고 줄기를 치고 가지는 뻗었으나 꽃망울을 터트리지는 못한 것과 같습니다.

인간은 깨어나기 위한 충분한 뇌를 가지고 있으나 탐욕과 성냄과 어리석음으로 인해 깨달음의 길에서 멀리 벗어나 있습니다.

그래서 오쇼님은 우리 인간의 영을 '깨어나려고 몸부림치는 영'이라 표현했습니다. 꽃망울은 터트렸으나 아직 꽃을 피우지는 못했고, 결실을 맺지 못한 상태라고나 할까요.

영은 우리 안에 있는 것이 아니라 우리 몸을 에워싸고 있습니다.

대표적으로 우리 몸 일곱 군데를 통해 안과 밖으로 소통하고 있습니다. 이 통로를 차크라라 하며 그중에 뇌와 소통하는 영이 가장 중요한 역할을 합니다. 뇌를 통해 마음을 만들기 때문입니다.

존재하는 모든 것에는 이 영이 에워싸고 있습니다. 영 없이 존재하는 것은 있을 수 없고 존재하는 모든 것에는 영이 깃들어 있습니다.

이 영은 태어나거나 죽는 법도 없고, 깨끗함과 더러움도 없고, 늘어나거나 줄어드는 법도 없습니다. 귀함도 천함도 없고 크거나 작음이라는 차별도 없이 어느 영이나 완벽하고 하나의 흠도 없이 온전합니다.

단지 물질계에서 인연이라는 이유로 물질과 만남으로서 역할과 수준과 지위에 차이가 생길 뿐입니다.

돌을 만나면 돌 역할에, 돌 수준에, 돌 지위에서 작용을 하고, 꽃과 인연이 닿으면 꽃 역할에, 꽃 수준에, 꽃 지위에 맞게 활동을 하고, 개와 인연이 되면 개 역할에, 개 수준에, 개 지위에서 움직이고, 인간과 만난 영은 인간 역할에, 인간 수준에, 인간 지위에서 인간과 어울려 조용히 자기의 할 일을 합니다.

밭이 씨앗을 차별하지 않고 그저 사랑으로, 지극 정성으로 싹을 피워 결실을 맺듯이 영도 존재를 차별하지 않고 그저 사랑으로, 지극 정성으로 최선을 다해 주어진 일을 할 뿐입니다.

『중용』의 첫 구절입니다.

> 천명지위성天命之爲性 솔성지위도率性之爲道
> 하늘의 섭리는 '성'으로 나타나며 이 '성'을 따르는 것을 '도'라 한다.

공자님은 '괴력난신怪力亂神'이라 하여 괴이한 이야기나 신에 대한 언급을 무척 싫어했습니다. 부처님 역시 신과 같은 형이상학적인 문제에 대해서는 말하기를 무척 꺼려했습니다. 우리와 아무 상관도 없고 우리에게 아무 의미도 없고 실생활과 동떨어진 문제처럼 생각했습니다.

공자님의 제자가 공자님에게 물었습니다.

"안다는 것이 무엇입니까?"

"아는 것을 안다고 하고, 모르는 것은 모른다고 하는 것이 안다고 하는 것이다."

부처님이나 공자님은 그렇게 깊이 공부를 하였으나 신을 본적도 없고, 신을 느껴 본 적도 없었나 봅니다. 이 넓고 넓은 우주에 신이 있을지도 모르고 없을지도 모르나 어찌 되었든 부처님과 공자님은 신의 모습을 보지 못했기에 신에 대해 말씀을 극도로 삼가했습니다.

저도 55년을 살아왔지만 신을 본 적도 없고 신을 느껴 본 적도 없습니다. 그래서 저는 부처님과 공자님의 의견에 공감을 합니다.

성性을 성품이라 합니다.

이 성에서 부처님은 '깨달음의 참된 성품'을 불성이라 하셨고, 단군 성조님은 '스스로의 본래의 성품'이라 자성이라 이름하였고, 공자님은 이 성에서 '타고난 참성품'을 진아眞我라 언급하셨습니다. 예수님만 성령으로 영으로 표현되어 나타납니다.

저는 성과 영은 같은 의미이며 구태여 구분할 필요가 없다고 생각합니다.

이 성은 깨끗함도 없고 더러움도 없는 절대계의 영역이나 우리가 사는 상대계에서 우주만물이라는 존재를 만나 존재들이 만들어내는 한 생각에 의해 모습이 뒤섞입니다.

선과 악으로, 깨끗함과 더러움으로, 아름다움과 추함으로….

그러나 본래의 바탕은 사랑입니다.

> 하느님은 영이시니 만일 하느님의 의식에 도달하고자 한다면 영으로써 하느님을 섬기지 않으면 안 됩니다.

> 영원한 영은 모습을 드러내지 않습니다. 이것은 성부, 성모, 성자가 하나가 된 것으로 1위位가 현실화될 때는 3위로 변합니다. 성부는 전능의 신이며 성모는 전지의 신이며 성자는 사랑입니다.

> 성부하느님은 하늘과 땅의 전능이고 성모하느님은 성령으로써 천지의 정신이며 성자하느님은 독생자로서 그리스도입니다. 그리고 그리스도는 사랑입니다.

— 『성약성서』

예수님은 성령, 영, 창조를 인격화하여 하느님으로 표현하며 인간은 영, 혹은 영혼으로 말씀하십니다.

창조는 성령이며 성령은 사랑과 지혜와 힘, 혹은 권능으로 언급하십니다.

성령은 하나이나 드러날 때는 셋으로 나타나니 그것이 사랑이요, 지혜요, 믿음입니다.

1위가 현실화될 때는 3위로 나타납니다. 1위는 사랑이요 3위는 지혜와 믿음 혹은 권능 그리고 표현되어 드러난 사랑입니다. 우주만물의 모든 결과와 행동은 사랑인 성령이 드러난 국면입니다.

> 인간은 하느님의 사상으로서 제7위의 형상으로 만들어져 영혼의 실체 위에 육신의 옷을 입혔다.
>
> 우리의 하느님은 영이십니다. 그리고 그 안에 모든 지혜와 사랑과 힘이 깃들어 있습니다.
>
> ―『성약성서』

> 왜냐하면 바로 그러한 사랑이 태초 이래로 인간들에게 예정된 창조와 그 법칙들의 사랑이기 때문입니다.
>
> 영혼의 두 부분은 지혜와 힘입니다.
>
> ―『탈무드 임마누엘』

영혼의 본바탕은 사랑이며 성령인 영혼은 사랑과 지혜와 힘입니다.

진심으로 스스로의 영혼에게 구하는 사람들은 받을 것이고, 그들의 영혼의 능력을 통하여 찾는 사람들은 발견할 것이며 그들의 영혼의 문을 두드리는 사람들에게 그 문은 열릴 것이기 때문입니다.

영혼의 능력을 결코 의심치 마시오. 그것은 창조 그 자체의 한 부분이니 영혼
의 능력에는 한계가 없습니다.

—『탈무드 임마누엘』

뉴턴의 중력의 법칙은 우주만물에 작용을 합니다.

이 법칙을 활용하여 비행기를 날리고 우주선을 발사하고 배를 띄
우고 차가 달립니다.

이 중력의 법칙을 본 사람이 있습니까? 이 중력의 법칙을 누가 만
들었는지, 왜 이렇게 되게끔 했는지, 왜 그렇게 해야만 했는지는 그
누구도 알 수 없지만 분명한 사실은 이 우주만물에 중력의 법칙이
작용하고 있다는 사실입니다.

마찬가지로 '영'이자 '성'은 이 우주만물에 분명히 존재하며 모든 존
재들에게 영향을 끼치며 항상 모든 존재와 함께합니다. 영이자 성의
본질은 사랑이기 때문에 사랑이 있는 한 존재가 있을 것이요, 존재
가 있으면 사랑이 있을 것입니다.

'마음 너머에 무심이 있는데 무심은 지각 안에 있느냐? 지각 밖에
있느냐?'

마음 너머에 마음 없음이 있는데 이 마음 없음을 알아챌 수 있을
까요? 알아챌 수 없을까요?

마음 없음을 알아챌 수 있다면 알아채고 있는 그는 도대체 누구입
니까?

마음 없이 어찌 알고 있다고 느낄 수 있습니까?

마음 없음을 알아챌 수 없다면 그건 또 무슨 소용이 있습니까?

마음 없이 존재하는 인간이 있습니까?

알아챌 내가 없는데, 알고 있다고 느끼는 내가 없으면 나는 도대체 무엇입니까?

불가의 공부 방법은 '보는 공부'와 '아는 공부'로 크게 구분되는데 보는 공부는 마음의 눈이 활짝 열려 알음알이가 결실을 맺는 거라면 아는 공부는 머리로 얄팍한 지식을 쌓아 가는 것입니다. 머리로만 공부한 저로서는 정말 어렵고 이해하기 힘든 화두입니다.

이 경지를 '마음도 아니며 마음 아닌 것도 아니다.'라고 표현합니다.

14. 윤회

사람의 목숨이 다하여 죽은 뒤, 다음 생에 다시 사람으로 태어나는 것이 환생이라면 윤회는 지은 업에 따라 태어나고 죽고 또 태어나고 또 죽는 과정을 해탈할 때까지 계속 되풀이하며 태어날 때에는 지옥, 아귀, 축생, 수라, 인간, 천신의 여섯 형태 중의 하나로 태어난다는 이론입니다.

환생은 윤회의 한 부분입니다.

윤회가 이루어지는 장소를 삼계라 하며 삼계는 욕계와 색계 그리고 무색계로 나타납니다. 욕계는 식욕, 성욕, 수면욕과 같이 욕망이 있는 세계로 물질이 존재하며 우리 인간이 살고 있는 세계입니다. 색계는 물질은 있으나 음욕과 같은 감각의 욕망을 벗어난 청정한 세계로 빛깔과 형태가 있는 세계입니다. 무색계는 물질세계를 초월한 세계로 사무색정四無色情을 닦은 사람이 죽은 뒤에 태어나는 세계입니다.

좋은 업을 쌓으면 욕계에서 색계, 무색계로 나아가며 해탈에 이르면 비로소 윤회에서 벗어나게 됩니다.

자신이 지은 업에 따라 중생은 육도六途인 지옥, 아귀, 축생, 수라, 인간, 천신 중의 하나로 업이 다할 때까지 태어남과 죽음을 되풀이하며 수라, 인간, 천신은 삼선도三善途라 하여 좋은 업으로 돌아가는 길이며 이와 달리 지옥, 아귀, 축생은 삼악도三惡途라 하여 좋지 못한 업을 쌓은 결과로 태어나는 곳입니다.

전생의 업과 태어나서 지금까지 한 업에 대한 결과가 현재의 자기 자신의 모습이고, 현재의 모습과 죽기 전까지의 업을 살펴보면 다음 생의 자신의 모습을 알 수 있으며 다음의 생이 정해집니다.

태어나고 죽고 또 태어나고 또 죽는 것만이 윤회가 아닙니다.

한 숨이 오고 한 숨이 가고 또 한 숨이 오고 또 한 숨이 가는 것도 윤회요, 한 생각이 오고 한 생각이 가고 또 한 생각이 오고 또 한 생각이 가는 것도 윤회요, 한 순간이 오고 한 순간이 가고 또 한 순간이 오고 또 한 순간이 가는 것도 윤회입니다. 매 순간이 윤회이며 몸의 죽음만을 이야기하는 것이 아닙니다.

못난 사람을 이야기할 때 우리는 '개만도 못한 놈'이라고 말합니다. 이때 그 사람은 축생계에 태어난 것입니다. 욕망과 본능적으로 행동할 때 그때 우리는 축생계에 태어난 것이고, 합리적이고 이성적으로 움직일 때 그때 우리는 인간계에 태어난 것이며, 이기심으로 남의 물건에 욕심을 낼 때 그때 우리는 지옥계에 태어난 것이고, 사랑 가득한 손길로 어려운 이를 보살필 때 그때 우리는 천신계에 태어난 것입니다. 모든 순간이 윤회입니다.

빈 밭은 없습니다. 흙으로 가득 채워져 있으며 작물이 없는 상태를 우리는 빈 밭이라고 말합니다.

밭은 좋은 씨앗과 나쁜 씨앗을 구분하지도, 차별하지도 않습니다. 밭은 그저 사랑과 지극정성으로 씨앗을 품어 작물을 태어나게 합니다. 그 씨가 잡초이든, 가시덤불이든, 오이든, 고추이든 밭은 문제를 삼지 않습니다. 밭에게는 키워야 할 똑같은 씨앗일 뿐입니다.

마음은 밭의 흙처럼 사랑으로 가득 채워져 있습니다. 마음에 한 생각이 일어날 때 사랑인 마음은 지극정성으로 생각을 품어 생각에 따른 행동과 결과를 드러내기 시작합니다.

올바른 생각이 일어나면 사랑인 마음은 올바른 행동과 결과가 나타나게 하며 올바르지 않은 생각이 일어나면 사랑인 마음은 올바르지 않은 행동과 결과를 드러나게 합니다. 어떠한 생각을 일으키느냐는 것은 생각을 일으키고자 하는 사람의 몫입니다.

팽이가 돌아갑니다. 아마 누군가가 팽이를 돌렸을 겁니다. 그렇지 않다면 팽이가 돌아가는 일은 없을 것입니다. 이와 같이 팽이를 돌리는 사람이 원인이 되어 팽이가 돌아가는 결과가 나타납니다. 무엇이 원인이 되어 어떠한 결과가 나타나는 것을 인과因果라 하며 원인이 없이 결과가 나타나는 법은 없습니다. 모든 행동과 결과에는 항상 원인이 존재합니다.

이것을 인과법칙이라 합니다. 이 인과법칙에 따라 나타난 현상을 업이라 합니다. 모든 행동과 결과에는 인과법칙이 늘 함께하며 이 인과법칙에는 반드시 업이 뒤따릅니다.

마음에 한 생각이 일어나면 생각하고자 하는 바에 따라 입은 말로 나타나고, 몸은 행동으로 나타납니다. 한 생각이 원인이 되어 말과 행동이라는 결과가 나타나며 원인과 결과는 항시 업이 함께합니다.

하고자 하는 생각은 의업意業이 되고, 말은 구업口業이 되고, 행동은 신업身業이 되며 이 셋을 삼업이라 하여 윤회를 일으키는 원동력이 됩니다.

행동과 결과가 옳게 나타나기 위해서는 올바른 원인이 바탕이 되어야 하며 올바른 원인과 결과는 올바른 업이 되며 이 올바른 업은 공덕이 됩니다. 올바른 뜻과 올바른 말과 올바른 행동은 올바른 한 생각에서 시작되며 이것이 올바른 업이 되어 올바른 윤회를 만듭니다.

원인이 있으면 결과가 있고 결과가 있는 것은 반드시 원인이 있다는 이 인과법칙에서 '인연생기'라는 연기법이 나타납니다.

'이것이 있으면 저것이 있고 이것이 생기면 저것이 생긴다. 이것이 없으면 저것도 없고 이것이 멸하면 저것도 멸한다.'

이것이 인연생기, 곧 연기법입니다.

> 연기법은 내가 만든 것도 아니요, 다른 깨달은 이가 만든 것도 아니다.
> 여래가 세상에 출현하거나 출현하지 않아도 항상 법계에 존재하며, 나는 단지 완전히 깨달은 후에 그것을 세상 사람들을 위해 드러낸 것뿐이다.

인과법칙인 연기로 인해 업이 쌓이고 이 업의 결과로 윤회가 이루어집니다.

윤회로 인해 다시 사람으로 태어날 때 현재의 육체로 환생하는 것은 아닙니다. 육체는 연속성이 없어 똑같은 인간으로 태어날 수 없습니다.

마음은 다시 태어나지 않으며 흩어지지 않고 연속하나—이것을 기독교에서는 '영혼은 불멸하다'고 말합니다—인연이라는 인과법칙에 의해 항상 변화되어 나타납니다.

A라는 사람이 죽으면 A의 몸은 사라지고 없어지나 A의 영혼은 없어지지 않고 윤회를 통하여 B라는 사람으로 다시 태어날 때 B의 몸에 A의 영혼이 깃들어 A의 영혼은 B의 영혼으로 변화되어 나타납니다.

삼계는 삼독으로 욕계는 탐욕이요, 색계는 성냄이요, 무색계는 어 리석음이 다. 삼독심으로 말미암아 모든 악을 짓는 까닭에 업보가 이루어져서 육취六趣 에 윤회하기 때문에 삼계라 한다.

달마대사의 말씀이며 저는 이 말씀이 가슴에 와 닿습니다.

정통 기독교와는 달리 영지주의자들은 윤회를 믿었습니다. 예수님 의 말씀을 들어 볼까요.

창조의 법칙을 확고하게 믿으시오. 창조의 법칙은 새로운 생에 있어서 사람 들은 자기들의 전생을 기억하지 못한다고 가르치고 있습니다.

—『탈무드 임마누엘』

전생을 기억하지 못하게 하는 것이 창조의 법칙이라고 합니다.

불교에서는 전생에 관련된 기억은 제일 밑바탕인 아뢰야식에 저 장되어 윤회로 인해 태어날 때 봉인되어 있어 나타나지 않는다고 합니다.

진실로 그대들에게 말합니다. 나를 따르고 있는 그대들 가운데 몇 사람은 나 의 가르침의 지혜를 받아들일 겁니다. 그러므로 그들은 앞으로 윤회환생하면 서 영적으로 위대하게 될 것입니다. 그러나 나머지 몇 사람은 나의 가르침의 지혜를 잘못 이해하여 나에 대한 가르침을 퍼뜨리게 될 것이며 이로 인해 내 생에서도 진리를 발견하기가 대단히 어려울 것입니다.

—『탈무드 임마누엘』

당신들의 죄는 현생에서도 내생에서도 지워지지 않을 것입니다.

—『성약성서』

이 생에서 해온 모든 행동과 결과는 업이 되어 다음 생으로 이어진다고 합니다.

> 그들은 하느님을 닮은 자기를 진보시키기 위하여 몇 번이고 땅 위와 하늘 사이를 왕복하는 영원불변한 모든 생명의 일부인 것입니다."
>
> —『성약성서』

불교에서는 사람의 의식을 여덟 가지로 설명하며 이를 팔식이라 합니다.

보아서 알아채는 안식眼識, 들어서 알아채는 이식耳識, 냄새로 알아채는 비식鼻識, 맛보아서 알아채는 설식舌識, 몸으로 느껴서 알아채는 촉식觸識, 생각으로 알아채는 의식意識, 이 여섯 가지의 의식을 육식이라 하며 보통 과학적으로 이야기하는 의식이 이것입니다.

칠식이 말나식으로 과학적으로는 잠재의식, 혹은 무의식이라고 하며 특별한 경우를 제외하고는 우리가 인식하지 못합니다. 무의식적인 습관화된 행동이나 위급한 상황에 본능적으로 나타나는 초인적인 능력이나 영감 등과 같이 특수한 경우에만 드러납니다.

팔식이 아뢰야식으로 초의식이라고도 하며 깊은 수행과 많은 공부를 한 사람만이 이 의식을 열 수 있으며 일반 사람에게는 닫혀져 있는 의식입니다. 이 아뢰야식에 우리 전생의 기억이 저장되어 있고 모든 업을 일으키는 씨앗이 들어 있습니다. 그래서 일반 사람은 전생의 기억을 떠올리지 못합니다.

> 사람은 죽지만 사람의 영혼은 계속 살아서 육신을 떠나 저승으로 갑니다.
> 그곳에서 그 영혼은 지식의 지혜를 축적하는 일을 계속하는 것입니다.

그들이 의식의 고양을 통해 얻은 영적 지혜의 크기에 따라서 그 영혼들은 자기들의 미래와 환생과 또한 그에 따르는 행동을 결정하는 것입니다.

— 『탈무드 임마누엘』

예수님이 언급하신 '의식의 고양을 통해 얻은 영적 지혜의 크기'는 부처님이 말씀하신 삼업인 의업, 구업, 신업과 서로 통합니다. '영적 지혜의 크기'는 곧 업으로 이것이 미래인 다음 생을 결정지으며 육신을 벗어난 영혼은 저승에서도 영적인 지혜를 계속 쌓아갑니다.

성령인 영혼은 본바탕이 사랑이며 영적인 지혜는 곧 사랑의 힘입니다. 사랑의 힘을 고양시키는 것이 영적인 지혜를 크게 하는 것입니다.

이 영혼이 저승으로 가게 되면 그것은 더 이상 처음 생성되었을 때처럼 무지하지 않습니다. 그 영혼은 다시 이 세상으로 돌아와서 한 인간으로 살게 됩니다.

지혜 있는 사람은 '영원히 변화하는 영속적인 강江의 법칙'을 알고 유념합니다.
그러므로 그들은 법칙들의 결정을 통하여 삶의 윤회가 끝을 맺어야 한다는 창조의 법칙들을 인식하고 있기 때문입니다.

— 『탈무드 임마누엘』

불교에서 말하는 윤회를 예수님은 '영원히 변화하는 연속적인 강의 법칙'이라 표현하십니다.

성령 곧 창조와 일체가 될 때까지 '영원히 변화하는 영속적인 강의 법칙'에 따라 윤회는 계속되며 '영적 지혜'는 윤회를 거듭하는 과정에서 완성으로 익어가고 결국에는 창조와 하나가 됩니다. 이것이 곧 창조의 법칙입니다.

이 영적 지혜를 부처님은 업이라 말씀하셨습니다.

> 나는 진실로 그대에게 이릅니다. 사람들이 잘못을 저지르게 되면 신이나 창조에 의해 벌을 받을 것이라 하는 대사제들이나 율법학자 그리고 바리새파 사람들의 가르침은 속임수이며 그릇된 것입니다. 잘못은 지각과 지식을 얻게 해 줍니다.
> 따라서 영혼의 진보에 보탬이 되는 것입니다.
> 찾고 노력하여 발견하는 것 없이는 진실로 삶은 의미가 없으며 삶의 의미를 충족시킬 수 없는 것입니다.
>
> 어떠한 죄나 실수도 영혼을 이해와 완전으로 이끄는 것입니다.
> 영혼과 의식 안에서 눈을 뜨고 위대하게 되시오. 그리고 유혹 당하는 일이 없도록 하시오.
> 영혼은 기꺼이 하고자 하나 육신이 허약하도다.
>
> ─『탈무드 임마누엘』

지금의 당신 모습은 전생의 업과 살아오면서 지금까지 쌓아온 행위의 결과이며 지금의 모습과 죽을 때까지 쌓을 행위에 따라 다음 생의 당신의 모습이 결정될 것입니다. 이 행위가 업이 되며 업은 공덕이 되며 공덕은 사랑의 힘이 됩니다.

올바른 생각을 일으켜 사랑을 올바르게 나타내면 행동과 결과도 좋게 이루어지며 이 결과의 보상이 기쁨이요, 행복입니다. '이렇게 하니까 좋은 결과가 나오는구나' 하는 느낌이 경험이 되고 이러한 것이 쌓여 배움으로 남아 우리의 의식에 각인됩니다.

그릇된 한 생각으로 올바르지 않은 사랑을 일으키니 행동과 결과도 나쁘게 나타나고 이 결과의 대가가 불안이요, 후회입니다. '이렇게 하니까 나쁜 결과가 나타나며 마음이 불안하고 후회가 되더라' 하는 느낌이 경험이 되고 배움이 되어 '그렇게 하지 말아야지' 하는 의식으로 우리 마음에 각인이 됩니다.

바른 생각으로 사랑을 일으키니 마음은 항상 '기쁨으로, 행복함으로, 평화로움으로 가득 차게 되더라' 하는 지혜가 쌓여 사랑이 아닌 것은 저절로 꺼려지게 되고 사랑인 것은 적극적으로 개입하여 행동으로 옮기니 이것이 사랑의 힘으로 하나하나 모여 마음을 채웁니다. 이 사랑의 힘이 완전해지고 순수해지면 생각과 말과 행동이 순수해지고 완전해지며 마음에는 망상이 지워져 사랑 이외의 것은 없게 됩니다.

이 자리가 곧 성령으로 거듭나는 자리요, 창조와 하나 되는 자리요, 창조가 이루고자 하는 창조의 법칙의 완성입니다.

이 자리가 곧 예수님의 자리요, 부처님의 자리이며 더 이상 배울 것이 없어 윤회에서 벗어나 해탈하는 자리입니다. 영원한 생명이 있는 자리입니다.

이 사랑의 힘이 부족하면 다음 생에 다시 태어나 모자란 사랑의 힘을 채워야 하며 이 사랑의 힘이 순수해지고 완전할 때까지 느끼고 배우는 윤회의 과정을 되풀이하여 사랑에 대한 공부를 마무리해야 합니다.

> 인간을 육의 활동으로부터 영적으로 승화시킬 수 있는 하느님의 초자연적인
> 힘은 없다.
> 인간은 식물이 자라듯이 자라서 때가 이르면 완성이 된다.
> ─『성약성서』

초등학교 때 곱셈과 나눗셈을 배우고, 중학교 때 방정식을 익히고, 고등학교 때 함수를 배워야만 미분과 적분을 풀 수 있는 힘이 쌓입니다. 초등학생에게 미분과 적분을 주고 풀어보라고 한다면 과연 풀 수 있을까요?

마찬가지로 전생의 사랑의 힘과 이생에서 쌓은 사랑의 힘의 크기에 따라 다음 생이 결정되며 이 사랑의 힘이 부족하면 다음 생에서 그래도 부족하면 그다음 생으로 윤회를 거쳐 우리의 사랑의 힘이 순수해지고 완전해질 때까지 사랑에 대한 공부를 계속 하여야 합니다.

이 사랑의 힘을 어떻게 키워 나가야 하고 어떻게 쌓아 나가야 하느냐는 것은 당신의 지혜에 달려 있습니다. 올바른 당신의 한 생각에 달려 있습니다.

> 사람들은 그들의 영혼과 의식과 지식 면에서 볼 때 아직 미약합니다. 따라서 그들은 우선 스스로에게 많은 죄와 잘못을 저지를 수밖에 없습니다. 그런 뒤에라야 지식과 지혜를 축적하는 것을 배우게 되어 진리를 깨달을 수 있게 될 것입니다.
>
> — 『탈무드 임마누엘』

예수님은 사랑의 힘이 완성되어 가는 자를 '익은 자'라 했으며 사랑의 힘이 아직 부족한 자를 '덜 익은 자'라 하셨습니다. 위대한 자와 시시한 자, 중요한 자와 하찮은 자, 높은 자와 낮은 자와 같이 사람간의 차별은 있을 수 없으며 단지 익은 자와 덜 익은 자만 있을 뿐이며 사람에 대한 귀천은 없다고 말씀하셨습니다. 현생에서 사람이 저지르는 죄와 잘못도 사랑에 대한 공부를 느끼고 배워가는 어쩔 수 없는 하나의 과정이라 하십니다.

혜능이 홍인화상을 찾아왔습니다.

"너는 어디서 온 자이며 무엇을 구하려고 이곳에 왔는가?"

"저는 영남에 사는 신주 백성으로 무엇을 구하려고 온 것이 아니라 부처가 되고자 이곳에 왔습니다."

"너 같은 영남의 야만인이 어찌 감히 부처가 될 수 있단 말인가?"

"사람에게는 남과 북이 있고 스님과 나와의 차별이 있을 수 있지만 어찌 불법에 남과 북이 있으며 차별이 있을 수 있습니까?"

15. 연기법

아니 땐 굴뚝에는 연기가 나지 않는다.
원인이 있으면 결과가 있고 원인이 없으면 결과도 없다.

이것이 연기법입니다. 굴뚝에 연기가 나는 것은 누군가 불을 때야 하는 원인이 있어야 하며 그 원인으로 연기가 발생하는 결과가 나타납니다. 모든 행동과 결과에는 그것을 일으키는 원인이 있으며 원인이 있으면 결과가 나타나기 마련입니다.

죽음은 태어났다는 원인에 대한 결과이며 죽음은 또 다른 태어남의 원인이 되어 태어나고 죽고 또 태어나고 또 죽는 과정이 계속 되풀이됩니다. 태어남과 죽음이 되풀이되어 순환하는 과정을 윤회라 하며 윤회가 일어나는 이유를 밝힌 것이 이 연기법입니다.

왜 윤회가 일어나고, 왜 윤회에서 벗어나지 못하며, 왜 윤회에서 벗어나야 하고, 어떻게 윤회에서 벗어날 수 있는가에 대한 답이 이 연기법입니다.

부처님은 이를 열두 가지 연기로 설명하십니다. 이를 '십이연기'라 합니다.

첫 번째가 '무명無明'입니다.

진리가 무엇인지 바르게 보지 못하고 미혹에 싸여 실재實在하지 않는 무상한 것을 실체로 착각하여 그 무상한 형체에 집착하는 어리석음을 말하며 참다운 인생관이 없어 고뇌와 불행의 원인이 됩니다. 참다운 지혜가 없어 밝지 못한 어리석음을 무명이라 합니다.

두 번째는 '행行'입니다.

어리석음인 무명이 원인이 되어 나타난 행위는 윤회의 씨앗인 업이 되며 행위는 몸과 말과 뜻으로 나타납니다. 몸의 행위는 신업身業이 되고 말의 행위는 구업口業이 되고 하고자하는 뜻의 행위는 의업意業으로 이 세 가지를 삼업이라 합니다.

세 번째는 '식識'입니다.

행위로 말미암아 알음알이인 '식'이 나타납니다. 움직이거나 행동하면 결과가 나타나고 그 결과는 지식이 되어 알음알이인 '식'이 됩니다. 이 식이 존재의 본질을 꿰뚫어 보지 못한 분별심이 되어 좋은 것과 나쁜 것, 즐거운 것과 괴로운 것 등으로 모든 대상을 차별하게 만듭니다. 좋은 것은 받아들이고 나쁜 것은 멀리하고자 하는 마음으로 나타납니다.

보아서 아는 것, 들어서 아는 것, 냄새로 아는 것, 맛으로 아는 것, 몸으로 아는 것, 뜻으로 아는 것, 이것을 '육식'이라 합니다.

네 번째는 '명색名色'입니다.

식으로 인해 명색이 생겨납니다. 알음알이인 이 식으로 인해 즐겁고 좋은 것을 받아들이고자 하는 마음이 한 생각을 낳고 이 생각으로 인해 존재인 명색이 나타납니다. 명은 비물질적 존재인 수受, 상想, 행行, 식識인 사온이며 색은 물질적 존재인 색온을 말합니다. 명색과 오온은 같은 말로 이 현상세계의 모든 존재를 뜻합니다.

다섯 번째는 '육입六入'입니다.

명색으로 인해 육입이 나타납니다. '눈을 통하여 본다.'라고 하는 것을 '안입'이라 하며 '귀를 통하여 듣는다.'라고 하는 것을 '이입'이라 합니다. 코를 통하여 냄새를 맡는 것을 '비입', 혀를 통하여 맛보는 것을 '설입', 몸을 통한 접촉인 '신입' 그리고 하고자 하는 뜻인 '의입'을 육입이라 합니다.

여섯 번째는 '촉觸'입니다.

육입으로 말미암아 촉이 생겨납니다. 육입으로 인해 나타난 감각 작용을 촉이라 합니다. '눈을 통하여 본다.'고 하는 것은 보고 있다는 느낌으로 나타나며 이 눈을 통한 감각작용을 안촉이라 합니다. 안촉, 이촉, 비촉, 설촉, 신촉, 의촉인 이 여섯 가지를 육촉이라 합니다.

일곱 번째는 '수受'로 육촉으로 인해 나타난 감정입니다.

육촉은 감정이 드러나지 않은 느낌이며 이 느낌에 대한 감정이 수인 것입니다. 괴로움을 느끼거나 즐거움을 느끼거나 괴로움도, 즐거움도 느끼지 않는 상태로 이 세 가지를 '삼수'라 합니다.

여덟 번째는 '수'로 말미암아 생겨나는 '애愛'로서 탐욕스러운 사랑에 대한 갈망으로 '갈애'라 표현합니다.

욕망이 있는 욕계에서 생겨나는 갈애를 '욕애'라 하며 물질이 존재하는 색계에서 물질에 대한 갈애를 '색애'라 하며 순수한 정신이 있는 무색계에서 정신에 대한 갈애를 '무색애'라 하여 이 욕애, 색애, 무색애를 삼애라 합니다.

아홉 번째는 '취取'이며 '애'에서 생겨납니다.

사랑에 대한 갈망이 만들어낸 집착입니다. '취'에는 네 가지가 있으며 이를 사취라 합니다. 견취는 그릇된 견해와 의식에 대한 집착이고, 계취는 그릇된 계율, 그릇된 금지조항에 대한 집착이며, 욕취는 욕계의 오욕에 대한 집착입니다.

오욕은 눈으로 보이는 것에 대한 욕망, 귀로 들리는 것에 대한 욕망, 코로 냄새 맡아지는 것에 대한 욕망, 맛으로 느껴지는 것에 대한 욕망, 몸으로 느껴지는 것에 대한 욕망을 말합니다.

아취는 자기 자신에 대한 집착, 즉 이기심으로 '이것이 나이다.', '이것은 나의 것이다.', '나는 이러한 존재이다.'라고 집착하는 것입니다.

열 번째는 이 취로 말미암아 생겨나는 '유有'로 '존재'입니다. 또한 '업'과 같은 의미로 나타납니다.

열한 번째는 '생生'으로 '유'가 원인이 되며 태어나는 것입니다.

열두 번째는 '노사老死'로 '생'에 의해 나타납니다. 늙고, 죽는 것을 말합니다. 이 '노사'로 인해 근심하고, 슬퍼하고, 괴로워하고, 고민하고, 번뇌합니다.

참 복잡하고 어렵고 난해합니다.

부처님이 민감하고 예민하며 세세하고 미묘한 부분까지 놓치지 않는 분이라는 것은 익히 알고 있었지만 일반 사람에게 이 말씀은 허공에 뜬구름과 같을 겁니다. 정말 관심이 많은 분이거나 전문적으로 공부하고자 하는 학생이거나 이 분야를 연구하는 학자, 스님과 같은 분들에게는 피가 되고 살이 되는 가르침일 겁니다.

일반 사람이 복잡하고 이해하기 어려운 이 연기법을 알아야 할 필요성을 느끼지는 못했으나 십이연기법은 부처님의 가장 핵심적인 가르침입니다.

정리를 한번 해 봅시다.

첫째, 중복되는 것이 있습니다.

'행'은 업의 씨앗이라 하여 무명으로 말미암아 생겨나옵니다. 그런데 '명색'에서 다시 한번 나타납니다. 다음은 '수'로 '명색'에서 나오고 일곱 번째에 또다시 언급됩니다.

둘째, 너무나 미묘한 차이여서 하나로 묶어도 무방하고 구태여 구분할 필요성을 느끼지 못하는 것이 있습니다.

세 번째인 '식'과 다섯 번째인 '육입' 그리고 여섯 번째인 '촉'을 구분하여 설명한다는 것은 정말 피곤한 일입니다. '보았다' 하는 것은 먼저 보여지는 대상이 있어야 하고 보는 '눈'이 뒤따르고 그리하여 '보았다'라는 '알아챔'이라는 인식작용이 동시에 나타납니다. 보여지는 대상과 보는 눈과 '알아챔'이라는 인식작용은 동시에 함께 작용하기 때문에 눈을 통하여 알아챘다는 '안식' 하나로 충분히 설명됩니다. 이 셋을 구태여 미세하게 구분할 필요는 없다고 생각합니다.

또한 네 번째인 '명색'과 열 번째인 '유' 그리고 열한 번째인 '생'은 구태여 구분할 필요가 없다고 생각합니다. 그냥 물질적 존재와 비물질적 존재를 모두 포함하는 불교식으로는 '오온'이요, 일반적으로는 '존재'라 하면 될 일입니다.

왜 늙고 죽을까요? 늙고 죽게 하는 원인은 태어났기 때문이며 태어나지 않았다면 늙음과 죽음은 애초에 없었을 것입니다.

왜 태어났을까요? 태어나게 하는 원인은 존재하기 때문이며 존재하지 않았다면 태어나는 것도 없었을 것입니다.

왜 존재하게 되었을까요? 존재하고자 하는 원인은 집착 때문이며 집착하지 않았다면 존재하지 않았을 것입니다.

왜 집착하게 되었을까요? 집착하게 된 원인은 갈애때문이며 갈애가 없었다면 집착도 없었을 것입니다.

왜 갈애가 나타날까요? 갈애가 나타나는 원인은 느낌 때문이며 느낌이 없었다면 갈애도 나타나지 않았을 것입니다. 즐거움을 주는 느낌은 잡고자 하는 갈망을 만들고 괴로움으로 나타나는 느낌은 회피하고자 하는 열망으로 나타납니다.

왜 느낌이 나타날까요? 느낌이 나타나는 원인은 감각기관과 접촉하기 때문이며 감각기관과 접촉이 없었다면 느낌도 없었을 것입니다.

왜 감각기관과 접촉하게 되었을까요? 감각기관과 접촉하게 된 원인은 물질과 정신적인 존재가 있기 때문이며 물질과 정신적인 존재가 없었다면 감각기관과 접촉이 없었을 것입니다. 감각기관은 눈, 귀, 코, 혀, 몸, 뜻으로 여섯 가지입니다.

왜 물질과 정신적인 존재가 나타났을까요? 물질과 정신적인 존재가 나타난 원인은 알음알이인 식 때문이며 식이 없었다면 물질과 정신적인 존재도 없었을 것입니다.

왜 식이 나타났을까요? 식이 나타난 원인은 '행' 때문이며 행이 없었다면 식도 없었을 것입니다. 움직이거나 행동하면 그에 따른 결과가 나타나며 이 결과는 알음알이인 식으로 쌓입니다.

왜 행이 나타났을까요? 행이 나타난 원인은 무명이며 무명이 없다면 행도 없을 것입니다.

삼독의 하나인 어리석음인 무명이 결국에는 모든 것의 원인입니다. 이 원인과 그로 인한 결과를 업이라 하며 이 업으로 윤회가 이루어지는 것입니다.

연기법은 인간이라는 존재가 이 우주만물에서 생겨나 죽음을 포함한 모든 고뇌에서 벗어나지 못하는 것이 필연이며 숙명이라는 운명론적인 존재가 아니라 스스로의 노력과 의지로 벗어날 수 있는 길을 제시해 주는 가르침입니다.

연기법이 인간이라는 존재가 윤회에서 벗어나지 못하는 이유와 원인을 설명한 것이라면, 윤회에서 벗어날 수 있는 길을 가르쳐 주는 것은 '팔정도'와 '사성제' 그리고 '육바라밀'이 있습니다.

우주가 존재하는 한 만유인력의 법칙이 적용되듯이 존재계가 있는 한 이 연기법은 사라지지 않을 것입니다.

참으로 진지하게 사유하여 일체의 존재가 밝혀졌을 때 그의 의혹은 씻은 듯이 사라졌다. 그것은 연기의 진실을 알았기 때문이다.

연기를 보면 진리를 본 것이요, 진리를 보면 연기를 본다.

모든 존재들은 홀로이 존재할 수 없습니다. 항상 무엇이라는 다른 존재들과 서로 연결되어 일어나고 함께 살아가며 함께 변해가고 함께 의존하며 생겨나고 사라집니다. 이것이 모든 것이 인연 따라 생겨나고 일어난다는 인연생기因緣生起, 곧 연기법입니다.

있음은 원래 본바탕은 없음인데 인연이라는 업으로 인해 생겨난 것입니다.

아무도 혼자서는 살 수 없습니다. 왜냐하면 모든 생명체는 또 다른 생명 체들과 끈으로 연결되어 있기 때문입니다.

—『성약성서』

이 말씀은 부처님의 제법무아와 같은 의미입니다. 고정된 고유의 자기 이름은 없으며 여러 원인과 조건, 즉 한 존재는 다른 여러 존재와 긴밀하게 연결되어 나타나기 때문입니다.

윤회는 업에서 비롯되며 업을 만드는 가장 근본적인 원인은 무명, 곧 어리석음입니다. 이 어리석음이 실상이 아닌 무상한 존재에 미혹되어 갈애와 집착을 불러오며 갈애와 집착으로 업이 시작됩니다.

항상함이 없는 이 무상한 존재에 대한 갈애와 집착이 괴로움을 불러오며 이 괴로움에서 벗어나고자 하는 것이 곧 윤회에서 벗어나야 할 이유가 됩니다. 누구나 사람은 괴로움에서 벗어나고 싶어 합니다.

16. 괴로움

먼저 삼법인三法印에 대해 설명해야 하겠습니다.

제행무상諸行無常, 제법무아諸法無我, 일체개고一切皆苦, 이 셋을 삼법인
이라 합니다.

존재하는 모든 것은 항상함이 없이 늘 변화되어 나타나며 독립되
어 스스로 존재하는 것은 없습니다. 이것을 '제행무상'이라 합니다.

고정불변한 실체로서 고유의 독자적인 이름인 자기 자신, 즉 '나'는
없으며 일체의 모든 것이 사대가 원인이 되어 인연 따라 모이고 흩어
지는 변화 속에 존재하며 어떠한 존재도 다른 것에 의존하지 않고는
존재할 수 없으니 이것을 '제법무아'라 합니다.

존재하는 모든 것은 항상함이 없어 무상하고 또 불변의 실체가 없
어 무아인데 무상하고 무아인 존재에 집착하는 모든 것이 괴로움이
됩니다. 이것을 '일체개고'라 합니다.

이번에는 번뇌에 대해 이야기를 하겠습니다. 모든 괴로움의 원인은
번뇌이며 번뇌에서 모든 괴로움이 시작됩니다. 번뇌란 무상하고 무
아인 자신의 헛된 육신을 유지하려고 하는 마음에서 비롯되며 가장
근본이 되는 번뇌는 욕심과 분노와 어리석음으로 곧 망상이며 에고
입니다. 자기 자신의 육신을 유지하기 위해 욕심이 일어나며 자기 자
신의 육신을 보호하기 위해 분노가 나타나며 자기 자신의 육신을 꾸
미기 위해 어리석음이 생겨납니다.

무상하고 무아인 헛된 육신에 대한 갈애와 집착이 번뇌가 되며 채워지지 않는 욕심과 해결되지 않는 분노와 그릇된 어리석음이 번뇌가 되어 괴로움으로 나타납니다.

만사가 뜻대로 되지 않아 괴롭고, 싫은 사람을 어쩔 수 없이 만나야 하니 괴롭고, 좋은 사람과 헤어져야 하니 괴롭고, 원하는 바를 얻을 수 없으니 괴롭고, 늙어 가니 괴롭고, 아프니 괴롭고, 또 언젠가는 죽어야 하니 괴롭습니다. 세상살이가 온갖 괴로움으로 가득합니다.

삼법인에 열반적정涅槃寂淨을 추가해 사법인이라 합니다.

욕심과 분노와 어리석음인 삼독심에 의한 번뇌의 불이 꺼지고 어지러운 마음이 사라져 내면의 평화가 찾아와 괴로움이 사라진 상태입니다. 이것을 '열반적정'이라 합니다.

우리는 영화를 보면 기쁘고 재미있고 즐거워합니다. 비록 현실세계가 아닌 가상의 세계이지만 영화를 보면 기분이 좋습니다. 영화를 보면서 괴로워하거나 고달파하지 않으며 애증을 느끼거나 집착하지 않습니다. 영화에 연연해하지 않습니다. 그저 보고 즐길 뿐입니다.

마찬가지입니다. 이 우주만물이 생각이 만든 현상이든 환영적인 존재이든 우리는 영화를 보듯이 드러난 이 우주만물을 보면서 기쁘게 재미있게 즐기면 그만입니다. 괴로워하거나 고달파하지 마십시오. 애증이나 집착하지 말 것이며 단지 기분 좋게 즐기십시오.

학창시절, 미술시간에 켄트지에 물감을 칠해 많은 그림을 그렸습니다. 켄트지가 불성인 성령이라면 켄트지의 하얀 부분이 사랑이며 켄트지의 뒷면이 생각이 됩니다. 그리고 싶어 하는 마음, 곧 사랑이 움직이면 생각 하나가 나타나고 이 생각이 켄트지의 하얀 부분에 물감을 묻혀 그림을 만들어 갑니다. 아름다운 생각은 아름다운 그림으로, 고운 생각은 고운 그림으로, 부실한 생각은 부실한 그림으로, 모자란 생각은 모자란 그림으로 나타날 것입니다. 여러분 각자의 한 생각이 시작이 되어 그림이 완성되어 갑니다.

불성이자 성령인 켄트지에 한 생각으로 사랑을 그린 그림을 우리는 사연이요, 이야기이며 삶이라 합니다. 원하든 원하지 않았든 우리는 이 세상에 존재합니다. 존재하는 한 우리는 불성이자 성령인 이 켄트지에 사랑의 그림을 그려야 합니다.

이왕 그려야 할 그림이라면 보기 좋게 아름답게 그려야 하지 않겠습니까? 올바른 하나의 생각에 그 답이 있으며 올바른 하나의 생각은 올바른 하나의 사랑에서 비롯됩니다.

우리는 사랑하는 부모를 만나고, 사랑하는 친구를 만나고, 사랑하는 연인을 만나고, 사랑하는 자식을 만나고, 사랑하는 동료를 만나 서로 위로하고 격려하며 사랑을 주고받으면서 고달프고 괴로운 시간을 이겨 나갈 수 있으며 이러한 관계 속에서 사랑에 대한 많은 것을 느끼고 경험하여 사랑을 배우는 것입니다.

"어떤가, 비구들아! '색'은 항상한가? 무상한가?"

"세존이시여! 무상합니다."

"만일 무상하다면 그것은 괴로운 것인가?"

"세존이시여! 괴로운 것입니다."

"만일 무상하고 괴로운 것이라면 그것은 변하고 바뀌는 '법'이다. 그런데도 많이 들은 거룩한 제자들이 과연 그런 것에 대해 '이것은 나다.', '이것은 나의 것이다.', '나는 이러한 존재이다.'라고 보겠는가?"

"아닙니다. 세존이시여!"

"수, 상, 행, 식에 있어서도 또한 그러하니라."

색은 물질적 존재이며 수, 상, 행, 식은 비물질적 존재입니다. 변하고 바뀌는 법, 이것을 변이법變易法이라 하며 모든 존재는 항상 변화하여 나타난다는 뜻입니다.

'이것은 나다. 이것은 나의 것이다. 나는 이러한 존재이다.'라고 하는 것은 아집으로 망상이요, 에고요, 삼독과 같은 의미입니다.

> 육체라는 것은 단지 일시적인 것이며 이윽고 자연의 법칙에 따라 스쳐 지나
> 가는 무상한 것입니다.
>
> ─『성약성서』

모든 일이 뜻대로만 된다면 얼마나 좋겠습니까? 싫은 사람은 안 만나고, 좋은 사람과는 헤어지지 않고, 원하는 것은 모두 구하면 괴로움이 생길 일이 없을 겁니다.

자기 뜻대로 되지 않는 것이 너무나 많은데 뜻대로 되지 않는 것을 자기 뜻대로 하고 싶다는 모순적인 욕망이 곧 괴로움입니다.

'나'라는 고정된 실체가 없어 무상한데 '나'라고 집착하는 것, 이것이 괴로움의 원인이 되고 뜻대로 되지 않는 것을 뜻대로 하고 싶다는 모순적인 욕망, 이것이 곧 괴로움으로 나타나고 하고 싶은 일과 대상이 생겨날 때 가까이하고자 하나 그렇게 되지 않으니 그것이 또한 괴로움이 되며 하기 싫은 일과 대상이 생겨날 때 멀리하고자 하나 그렇게 되지 않으니 또한 괴로움이 됩니다.

이 괴로움의 감옥에서 벗어나는 유일한 방법은 윤회를 벗어나 해

탈하는 것입니다. '항상함', '고정됨', '한결같음'은 변화하거나 바뀌는 법이 없다는 뜻입니다.

변화가 없으면 성장도 발전도 없으며 열정과 노력도 의미가 없어집니다. 물론 성장과 발전에는 반드시 쇠퇴와 몰락도 뒤따르고 부작용도 생겨납니다.

부처님은 이 성장과 발전에는 의미를 부여하지 않고 도리어 쇠퇴와 몰락이라는 측면에 치우치면서 변화하는 가운데에서 변화하지 않는 것을 강조하십니다.

우리가 속해 있는 이 세계는 상대계이며 상대계에는 항상 그림자가 있으면 빛이 있는 법입니다.

괴로움이 있으면 즐거움도 있고, 헤어짐이 있으면 또 다른 만남도 있고, 비록 언젠가는 쇠퇴하지만 성장과 발전을 위해 온갖 정성과 노력을 다해 보람을 만들고, 모든 것이 다 뜻대로는 안 되지만 하고 싶은 것을 위해 온갖 최선을 다해 몸부림도 쳐 보고….

이 무상한 가운데에서 그래도 가치를 부여할 만한 것이 많다고 저는 생각합니다.

17. 그리스도의 원리

나는 길을 잃고 헤매는 사람을 구하기 위해 왔습니다.

그리고 사람은 자기 자신부터 구해야 구원을 받을 수 있습니다.

그러나 사람은 이러한 그리스도의 원리를 쉽게 이해하지 못합니다.

그리스도의 원리는 우주 보편적인 사랑이며 사랑은 바로 왕입니다.

예수님은 그리스도의 원리를 세 가지로 말씀하십니다.

첫째, 구원은 자기 스스로 풀어 나가야 한다.

둘째, 그리스도는 우주 보편적인 사랑이다.

셋째, 그리스도는 우주의 보편적인 사랑을 구현하는 자이다.

예수님은 우리에게 자기 자신이 누구인지, 어떻게 살아야 되는지에 대한 길을 가르쳐 주기 위해 이 세상에 오신 것입니다.

나 예수는 인간에 불과하지만 갖가지 형태의 시련을 통하여 많은 유혹을 극복하여 그리스도가 사람들에게 나타날 수 있는 하느님의 성전이 되기에 가장 적합한 사람일 뿐입니다.

당신은 그리스도를 찾을 필요가 없습니다. 왜냐하면 그대의 마음이 정결해지면 그리스도가 임할 것이며 영원히 그대와 함께 거할 것이기 때문입니다.

그리스도가 내 안에 만들어졌듯이 당신들 모두의 마음속에 만들어질 안에 있는 그리스도를 보십시오.

그리스도는 그 누구에 의해 만들어지는 것도 아니며 찾아서 구해지는 것도 아닙니다. 각자의 내면에 자리잡고 있으며 망상인 에고가 사라지면 환하게 드러납니다.

에고가 사라진 상태를 예수님은 많은 유혹을 극복하여 '마음이 정결하다'고 말씀하십니다. 『성약성서』에 기록된 예수님의 주옥같은 가르침입니다.

예수님에 대해 공부하고자 하는 뜻을 두고 『신약성서』를 읽으면서 저는 슬픔을 느꼈습니다. 3년간의 공생애 동안 남겨진 예수님의 말씀은 너무 간략하고 부실하여 공부에 대한 흐름이 자꾸 끊어졌습니다. 그럴 때마다 예수님에게 물었습니다.

'예수님께서 이 세상에 드러내고자 하신 뜻이 정녕 무엇입니까?'

그래서 서점에 갈 때마다 『성서』에 기록된 예수님의 말씀 이외의 가르침을 찾기 위해 『성서』와 관련된 책을 두루 살펴보았고 그래서 만난 책이 『도마복음서』와 『성약성서』입니다. 이 두 권의 책을 읽고 나서 예수님에 대한 공부가 그런대로 정리가 되었습니다.

사실 저는 『구약성서』를 좋아하지 않습니다. 한 장 넘길 때마다 피 냄새가 진동을 합니다. 어째서 이 책을 경전이라 하는지 의아하며 구약에 드러난 하느님의 모습은 사랑이라 하기에는 거리가 멀다고 생각합니다.

도올 김용옥 선생님은 구약은 옛 약속이고 새로운 약속인 신약이 있으므로 구약은 폐기되어야 한다고 주장합니다. 저도 그 말씀에 공감합니다.

예수님이 돌아가시고 예수님의 가르침이 퍼져 나갈 때 예수님이 과연 '신'이냐, '인간'이냐에 대한 논쟁은 끊임없이 제기되어 왔습니다. 서기 325년 니케아 종교회의에서 예수님은 하느님의 독생자로 삼위일체의 하나인 신으로 자리 잡았으나 아직도 논의가 되고 있습니다.

저는 신인 예수님이 아니라 인간인 예수님을 보고 싶었으며 인류의 가장 위대한 스승님 중의 한 분인 예수님의 생생한 목소리를 듣고 싶었습니다.

『성약성서』는 부처님 말씀처럼 어렵지 않습니다. 그냥 그대로 읽으시면 됩니다.

> 그리스도는 하느님의 명확한 사랑의 표현입니다.

> 그리스도의 진정한 뜻은 인간을 영원히 구원하려는 하느님의 사랑을 말하며 그러한 사랑을 구현시킬 수 있는 인격자입니다.

> 우리의 몸에 왕이 거하기 쉽게 하려면 어떻게 해야 합니까?
> "사상과 말과 행동을 순수하게 하는 것은 무엇이든지 육신의 성전을 깨끗하게 할 겁니다."

> ―『성약성서』

예수님은 인간의 육신을 하느님이 거하시는 거룩한 성전으로 선언하며 인간은 탐욕과 성냄과 어리석음인 에고에 의해 더럽혀져 있어 성령으로 거듭나지 않으면 안 된다고 말씀하십니다.

사상과 말과 행동을 순수하게 하는 것은 부처님의 가르침과 일치합니다. 부처님은 업을 만드는 것은 구업과 신업과 의업, 세 가지로 말씀하시며 업을 깨끗하게 하기 위해서는 팔정도의 바른 생각을 언급하십니다.

예수님과 부처님의 가르침은 다를 바가 없으며 표현의 방식에서 조금의 차이가 있을 뿐, 표현의 방식을 조금 걷어내면 같은 가르침이라 해도 무방합니다.

모든 재해는 만들어진 빚의 하나이거나 혹은 많은 빚 중에 일부를 지불하는 것이다.

사람들은 이 세상에서 행한 잘못에 의당히 돌아올 벌을 면할 수 있을지는 모르지만 행동, 언어, 사상에는 모든 응보의 한계가 있어 원인이며 그 자체의 결과입니다.

—『성약성서』

…그러나 나머지 몇 사람은 나의 가르침의 지혜를 잘못 이해하여 나에 대한 가르침을 퍼뜨리게 될 것이며 이로 인하여 내생들에서도 진리를 발견하기가 대단히 어려울 것입니다.

—『탈무드 임마누엘』

예수님의 이 말씀은 부처님의 연기법에 따른 인과응보에 대한 내용과 같으며 윤회에 대한 설명입니다.

18. 부처와 그리스도는 같은 뜻이다

첫 번째 단계인 받는 사랑을 충분히 느끼고 경험하고 배워 받는 사랑이 결실을 맺고 익어야 만이 두 번째 단계인 주고받는 사랑으로, 주고받는 사랑을 충분히 느끼고 경험하고 배워 주고받는 사랑이 결실을 맺고 익어야 만이 세 번째 단계인 주는 사랑으로 넘어갈 수 있습니다. 주는 사랑인 세 번째 단계를 충분히 느끼고 경험하고 배운 다음 주는 사랑이 결실을 맺고 익으면 네 번째 단계인 완성된 사랑으로 들어설 수 있는 것입니다.

곧 부처는 사랑을 깨우친 자가 되니 부처란 사랑을 완성한 자입니다. 부처와 그리스도는 같은 의미의 또 다른 표현일 뿐입니다.

사랑을 완성하기 위해서는 저는 4단계를 거쳐야 한다고 생각합니다.

첫 번째 단계는 '받는 사랑'입니다. 유치원 가기 전의 5살 난 꼬마를 생각해 봅시다. 이때는 사랑을 주는 것보다 훨씬 더 많이 사랑을 받으려고 합니다, 항상 사랑을 달라고 하고 주는 것에는 인색한 단계입니다.

사랑을 달라고 했는데 사랑이 오지 않으면 땡깡을 놓고 고집을 피우며 성질을 내고 화를 내며 심지어는 물건을 집어 던지고 대성통곡을 합니다.

이 '받는 사랑'을 충분히 느끼고 경험하고 배운 다음에야 두 번째 단계로 나아 갈 수 있습니다. 이 단계를 거치지 않고는 다음 단계로 넘어갈 수 없습니다.

두 번째 단계는 '주고받는 사랑'입니다, 이 꼬마가 유치원에 가면 친구를 만나고 선생님을 알게 됩니다. 친구들과 관계를 맺고 선생님의 가르침을 받아들이면서 '사랑은 달라고 한다고 해서 다 오는 것이 아니구나' 하는 것을 느끼고 경험하고 배우기 시작합니다.

사랑 하나를 받기 위해서는 사랑 하나를 주어야 하고 사랑 하나를 받으면 사랑 하나를 주어야지 하고 생각하고 '사랑 하나를 주면 사랑 하나가 돌아오겠구나' 그렇게 기대를 합니다. 대부분의 평범한 일반적인 사람은 여기에 속합니다. 저 역시 마찬가지입니다. 저도 이 단계를 뛰어넘지 못했습니다. 나이는 아무 상관이 없습니다. 단지 예를 들다 보니 꼬마 얘기를 했을 뿐입니다. 우리 주위에 나이 오십이 넘었는데도 주는 것에 인색하고 받으려고만 하는 사람이 더러 있을 것입니다. 이 사람은 나이에 상관없이 첫 번째 단계의 사랑을 넘어서지 못한 사람입니다. 한꺼번에 되는 것은 없습니다. 단박에 이루어지는 것은 있을 수 없습니다.

모든 것은 익는 과정이 필요합니다. '주고받는' 사랑이 결실을 맺어 '주고받는' 사랑을 충분히 느끼고 경험하고 배우면 세 번째 단계로 넘어설 수 있습니다.

세 번째 단계는 '주는 사랑'입니다. 고아들을 보살피고 어려운 노인들을 도와주고 힘들어하는 이웃들에게 힘을 실어주고 어렵게 생활하는 사람들에게 사랑을 나누어 주는 단계입니다.

우리는 이러한 사람을 훌륭한 사람이라고 말합니다. 그러나 완성된 사랑은 아닙니다. 이렇게 봉사활동을 하고 나면 기쁘고 즐겁고 보람된다고 이야기합니다. 기쁨과 즐거움과 보람은 줄 줄 아는 사랑에 대한 대가입니다. 주는 사랑을 충분히 느끼고 경험하고 배운 다음에야 완전한 사랑의 단계로 나아 갈 수 있습니다.

네 번째 단계가 '완성된 사랑'입니다. 사랑을 하되 사랑을 했다는 생각이 나타나지 않는 사랑, 사랑을 주되 사랑을 주었다는 마음이 일어나지 않는 사랑입니다. 가장 대표적인 것이 어버이가 자식에게 주는 사랑입니다. 어버이가 자식에게 사랑을 주는 것에 이유가 있습니까? 조건이 있습니까? 다만 자식에게만 한정되어 있을 뿐입니다. 이 완성된 사랑의 자리가 부처님 자리요. 예수님 자리입니다.

> "인간을 육의 활동으로부터 영적으로 승화시킬 수 있는 하느님의 초자연 적인 힘은 없으며 인간은 식물이 자라듯이 때가 이르면 완성이 됩니다."
> ―『성약성서』

하느님은 사과 씨앗 하나로 단박에 사과나무를 만들 수 있는 권능을 가지고 있으나 첫 번째 단계인 사람을 곧바로 네 번째 단계로 뛰어넘게 할 수는 없습니다. 두 번째 단계인 사람을 단박에 네 번째 단계로 만들어 줄 수는 없습니다.

물질적인 문제가 아니라 인간의 본질, 즉 영에 관한 문제이기 때문입니다.

> "이 하늘 아래 높고 낮은 자가 없으며 오직 먼저 익은 자와 뒤에 익은 자의 차이가 있을 뿐이며 하느님의 섭리는 언젠가는 그들을 전부 구원해 주신다."
> ―『성약성서』

받는 사랑을 충분히 느끼고 경험하고 배워 받는 사랑이 결실을 맺고 익어야 만이 두 번째 단계인 주고받는 사랑으로, 주고받는 사랑을 충분히 느끼고 경험하고 배워 결실을 맺고 익은 다음에야 네 번째 단계인 완성된 사랑의 자리로 들어설 수 있습니다.

사랑이 결실을 맺어 가는 과정, 사랑이 익어가는 과정을 예수님은 영적 진화라 말씀하시며 사랑이 다 익어 결실을 맺는 것을 영적 부활, 곧 성령의 거듭남이라 말씀하십니다. 불가에서는 대오각성이라 말합니다.

사람은 살아가는 동안에 숱하게 많은 깨달음을 느끼고 경험하고 배웁니다. 예를 들어 봅시다. 학교를 가기 위해 준비물을 책가방에 하나하나 꼼꼼하게 챙겨 문밖을 벗어나 한참을 왔는데 '아차' 빠뜨린 것이 있습니다. 깨달은 것입니다. 깨달음이란 바르게 알아채는 것이요. 바르게 보는 것이요. 바르게 생각하는 것입니다. 그릇되게 알아채는 것이 아니요. 그릇되게 보는 것도 아니요. 그릇되게 생각하는 것도 아닙니다. 자기가 준비물을 빠뜨린 것을 바르게 알아챈 것입니다. 비록 아주 작고 사소하지만 이것이 곧 깨달음입니다.

이리 풀어도 풀리지 않고 저리 풀어도 수학문제 하나가 풀리지 않습니다. 바르게 알아채지 못한 것입니다. 바르게 생각하지 못한 것입니다. 어느 순간 '아' 하고 생각이 떠오릅니다. 깨달은 것입니다. 그릇되게 알아챈 것이 아니라 바르게 알아챈 것입니다. 그릇되게 생각한 것이 아니라 바르게 생각한 것입니다. 조금 더 나은 경우지만 그래도 사소한 깨달음입니다.

가장 최고의 깨달음을 불가에서는 대오각성이라 이야기합니다. 이 경지에 이르면 '물아일체'가 됩니다. 나와 우주만물은 하나가 되며 나와 남이 다르지 않고 내가 남이요. 남이 곧 내가 됩니다. 남이 아프면 내가 아픕니다. 왜냐하면 남이 곧 나이기 때문입니다. 남이 힘들어하면 내가 힘듭니다. 왜냐하면 남이 곧 나이기 때문입니다. 남에게 사랑을 주어도 사랑을 주었다는 생각이 나타나지 않습니다. 남이 곧 나이니 내가 나에게 사랑을 준 것입니다. 이 자리가 사랑이 완성된 자리이며 부처님의 자리이자 예수님의 자리이며 더 이상 사랑에 대해 배울 것이 없는 단계입니다. 이것이 바로 성령의 거듭남이요. 대오각성입니다.

19. 인간은 지상의 하느님이다

인간은 지상의 하느님입니다.
하느님을 숭배하는 사람은 먼저 인간을 숭배하지 않으면 안 됩니다.
아버지와 그 자녀들이 하나이듯이 하느님과 인간은 하나이기 때문입니다.

사람은 태어나면서부터 하느님의 아들이요, 하느님은 인류의 아버지요, 그러
나 신앙 있는 모두가 하느님의 아들은 아닙니다.

『성약성서』에 기록된 놀라운 인간 선언입니다.
예수님은 인간을 지상의 하느님, 하느님의 자녀, 하느님의 대행자,
육화한 신, 그리고 그리스도라 말씀하십니다. 인간을 '영원한 전체의
일부'로 하느님의 영의 한 부분으로 지상에서 하느님의 뜻을 펼치는
대행자라 선언하십니다.

인간은 지상 위에 하느님의 뜻을 펼치기 위한 대행자입니다.
그래서 인간이 병자를 고칠 수 있는 것이며 하늘의 영을 제어할 수가 있는 것
이며 죽은 자를 일으켜 살릴 수 있는 것입니다.
내가 이러한 것들을 행할 수 있는 권능을 가졌다고 하여 이상할 것은 아무것
도 없습니다.
모든 인간이 이와 같은 일을 할 수 있는 권능을 갖고 있습니다.
그러나 그들은 낮은 자아의 모든 욕망을 정복해야 합니다.
그들이 하려고만 한다면 그것들은 정복될 수가 있습니다.

인간의 의지가 성령의 활동을 가능하게 합니다.

인간의 의지와 하느님의 의지가 일치되었을 때 부활은 일어나는 것입니다.

내가 이룬 일은 누구나 할 수 있으며 또한 누구나 나와 같이 될 수 있습니다.

이제 나는 인간의 능력으로 죽음을 정복할 수 있음을 증명하려 합니다.

왜냐하면 모든 인간은 육화한 신이기 때문입니다.

―『성약성서』

서기 4세기경 아타나시우스라는 신부가 있었습니다.

이분이 지금 우리가 읽고 있는 『성서』의 뼈대를 만들었으며 편찬과정에서 많은 참고문헌이 폐기되어 불살라 없어졌습니다. 지금 우리가 읽고 있는 『성서』는 엄밀히 말해 필요에 의해 편집된, 입맛에 맞게 의도된 문헌이라는 비판을 면하기 어렵습니다. 고쳐지고, 빠뜨리고, 보태기도 하면서 본래의 뜻이 많이 훼손됐습니다.

쿰란 동굴에서 예수님에 관한 많은 복음서가 발견되었을 때 저는 대단히 큰 기대를 품었습니다. 빨리 번역되어 내 손에 들어오기를 학수고대를 했는데 수십 년이 지난 지금에도 별 소식이 없습니다. 그 복음서에는 『성서』에 기록되지 않은 예수님의 생생한 가르침이 상당히 기록되어 있을 거라고 생각됩니다.

일부는 해석되어 발표가 되었지만 아직도 상당한 양의 복음서는 세상에 공개되지 않고 있습니다. 저는 누군가가 의도적으로 이 복음서가 이 세상에 드러나지 않게끔 가로막고 방해하고 있다고 생각합니다.

교황청에는 예수님과 관련된 많은 기록과 그 외 다양한 고문서를 비밀리에 보관한 채 공개하지 않고 있습니다. 교회의 뜻이라는 이유

하나로 인류의 알 권리를 묵살하고 있습니다. 교황청은 빠른 시일 내에 문헌을 공개하여 인류 공통의 자산을 인류와 함께 공유해야 할 것입니다.

『탈무드 임마누엘』이나 『성약성서』를 보면 예수님은 자기의 가르침을 이해하기에는 아직 인간의 의식이 충분히 깨어있지 않기 때문에 군중들에게는 알아듣기 쉽게 자신의 말을 한껏 낮추어 적절한 비유로 말씀을 하십니다.

깊고 수준 높은 가르침은 은밀하게 제자들에게만 전해줍니다.

2,000년 전의 이스라엘의 군중들은 대부분 문맹이었습니다. 하지만 지금 세계인의 의식 수준은 엄청나게 깨어 있습니다.

> 인간은 '세계교회'를 이해할 만큼 아직 신성한 사상을 갖고 있지 않습니다.
> 그래서 하느님이 나에게 명하신 것은 세계교회를 세우는 것이 아닙니다.
> 나는 단지 모델을 만드는 사람일 뿐입니다.
> 나는 장래 세워질 교회의 모형을 만들기 위해 보내진 사람입니다.
>
> 인간은 아직 신앙에 의해 생활할 수 있을 만큼 충분히 진화되어있지 않습니다.
> 그들은 자신의 눈에 보이지 않는 사실들은 이해할 수 없는 것입니다.
> 그들이 받드는 하느님의 모습은 인간적이어야 합니다.
> 그들은 신앙에 의해서 하느님을 볼 수가 없습니다.
> 인간은 창작할 수가 없기에 자기가 본 모형에 의해 모든 것을 세웁니다.
> ─『성약성서』

하느님은 형체가 없습니다. '영'으로써 존재하며 눈으로 볼 수는 없습니다. 그래서 예수님은 의식수준이 낮은 군중들에게 하느님을 인격화시켜 이해하기 쉽게 설명을 하여 가르침을 펼치신 것입니다.

그러나 2,000년이 지난 지금 우리 인간의 의식은 지구를 벗어나 우주로 향하고 있으며 인터넷을 통하여 온갖 정보를 주고받습니다.

그런데 아직까지도 2,000년 전의 자료로 인간의 의식을 틀에 가두려는 것은 죄악이라고 생각합니다.

인간은 우주의 중심입니다.

20. 삼위일체三位一體

성부하느님은 하늘과 땅의 권능이며 성모하느님은 성령으로서 천지의 정신
이며 성자하느님은 독생자로서 그리스도이니라. 그리고 그리스도는 사랑이
니라.

—『성약성서』

본바탕인 1위가 움직이고 작용할 때 3위로 현실화되어 나타난 상
태가 곧 그리스도인 사랑입니다. 여기 어디에 형상이 있습니까?
이 삼위를 의인화하고 인격을 부여하여 '성부'와 '성모' 그리고 '성자'
가 된 것입니다.

영원한 사상은 하나입니다.
그러나 본질적으로는 그것은 지성과 힘의 두 가지입니다.
이것이 숨을 쉬어 자식이 태어났는데 이 자식이 바로 사랑입니다.

만물은 사상입니다.
모든 생명은 사상의 활동이며 수많은 실존의 형태들은 단지 하나의 커다란
사상이 명확히 표현된 국면입니다.
보라! 하느님은 사상이며 사상은 하느님이십니다.

—『성약성서』

성부인 사상이 드러나기 위해서는 정신인 지성과 드러나게끔 하는

에너지인 힘인 권능이 필요하며 드러난 상태가 자식인 사랑입니다. 사상이 드러나면 사랑이 됩니다.

인간이 인간에서 나오듯이 드러난 사랑은 드러나기 전의 본래의 사랑이 있어야 하며 본래의 사랑은 성령입니다. 이것이 사상입니다.

성령은 곧 사랑과 지혜와 믿음입니다. 드러나기 전에는 그저 사랑 덩어리인 성령으로만 존재하고 드러날 때 사랑과 지혜와 믿음이 함께 작용합니다. 셋이면서 근본은 하나입니다.

하나에서 셋이 비롯됩니다. 이 사랑이 드러난 상태가 이 우주만물이며 사랑은 모든 창조의 기본 원리이며 시작이자 마지막입니다.

예수님은 사랑인 이 성령을 하느님, 성부, 창조, 영, 영혼 등과 같이 다양하게 표현하였습니다. 사랑인 성령은 성부가 되고 지혜인 사상은 성자, 믿음과 함께 드러난 사랑은 성신이 됩니다. 사랑인 성령을 의인화하여 인격적으로 모습을 갖춘 것이 삼위일체입니다.

성령은 사랑과 지혜와 믿음입니다.

불교에서는 삼신불三身佛을 이야기합니다.

법신불과 보신불 그리고 화신불입니다.

법신불은 영원히 변하지 않는 만유의 본체를 의인화한 부처로서 진리를 상징하며 법을 의인화한 법신은 일체의 중생이 갖추고 있는 불성 혹은 중생 속에 감추어진 여래의 성품인 여래장을 의미합니다. 빛깔도 없고 형체도 없으며 여래의 성품인 여래장은 곧 사랑덩어리인 자비심입니다.

보신불은 보살로서 수행하고 있을 적에 세운 원력과 수행의 결과로 한량없는 공덕으로 몸을 받은 부처님입니다.

화신불은 중생을 제도하기 위해 중생과 같은 육체를 통하여 현실 세계에 드러난 부처님입니다.

혜능대사님은 "삼신불을 밖에서 찾지 말아라. 삼신불은 자기 자신 안에 있다."고 하셨습니다.

법신불은 불성을 의인화하여 인격을 부여한 것으로 법신불은 '자비'로, 보신불은 '지혜'로 화신불은 '행'으로 보아야 한다고 생각하며 화신불은 드러난 부처로 우주만물 자체가 모두 화신불이라 생각합니다.

왜냐하면 모든 중생은 불성을 가지고 있기 때문이며 중생은 생물뿐만 아니라 무생물도 포함되기 때문입니다. 삼불은 법신불과 보신불과 화신불이며 자비와 지혜와 행行입니다.

우리의 전통사상은 삼신일체사상으로 집일함삼執一含三입니다. 지극히 크고 원만한 하나인 기운이 움직여 작용할 때는 삼으로 드러납니다.

첫째는 조화주造化主로 우리 인간에게 본성을 내려주고, 둘째는 교화주敎化主로 우리 인간에게 목숨을 부여하며, 셋째는 치화주治化主로 우리 인간에게 정기精氣를 줍니다.

그러나 이 셋은 작용 면에서는 삼이지만 근본은 하나입니다. 하나에서 셋이 나오고 셋은 다시 하나로 돌아갑니다.

조화주는 모든 창조의 근원으로 사랑의 성품인 덕이고 교화주는 가르침과 관련된 지혜이며 치화주는 행동과 결과를 만드는 에너지인 힘입니다. 삼신은 곧 자성인 덕德, 혜慧, 력力입니다.

유학에서는 무극신, 태극신, 황극신으로 설명합니다.

도의 본원. 즉 모든 것을 작용하게 하는 본바탕으로 이것을 무극이라 합니다. 무극에서 도의 본체, 즉 드러남의 첫 출발점으로 음과 양인 태극이 나옵니다. 이 태극에서 드러남이 제대로 작용하게끔 만물을 낳고 기르는 생장운동의 본체인 황극이 나타납니다. 음과 양인 태극이 오행과 더불어 우주만물을 생성할 때 제대로 작용하게끔 매개 작용을 하는 것이 황극입니다.

이 무극과 태극 그리고 황극을 의인화 시켜 신으로 이름을 부여한 것일 뿐입니다.

모든 종교가 본체는 하나이나 작용하여 드러날 때는 항상 셋으로 나타납니다. 이 셋을 부르는 이름은 달라도 다 같은 내용입니다. 단지 이해하기 쉽게 인격을 부여할 뿐 형상이 있거나 색깔이 있는 것은 아닙니다.

그 하나가 본바탕인 사랑이요, 셋으로 나타나면 지혜와 믿음과 현실화되어 드러난 사랑으로 우리가 바라보고 있는 이 우주만물입니다. 그중의 제일은 우리 인간입니다.

21. 남이면서 나

삶은 깨어나는 과정이며 깨달음의 과정입니다.
자신이 늘 그랬던 것으로 됨을 알게 되는 과정입니다.
불가분의 존재와 재결합하는 과정입니다.
실제로 재결합하는 것이 아니라 원래 분리가 없었다는 것을 다시 알게 되는
것일 뿐입니다.

—『성약성서』

성령을 이렇게도 표현할 수 있습니다.

'나도 아니요, 남도 아니요, 나이면서 남이며 남이면서 나.' 이 나를 '참나'라 합니다.

성령이 인연 따라 인간의 몸을 만나면 영의 의식은 뇌와 만나 마음이 되고 마음이 생각을 일으켜 순수한 '나'가 아니라 '나는'이라는 에고가 나타나기 시작합니다. 원래 성령인 '참나'는 절대계에 속하나 '나는'이라는 '는'자 하나로 분별이 있고 차별이 있는 상대계로 분화되어 에고를 형성하기 시작합니다.

'이것이 나다. 이것은 나의 것이다. 나는 이러한 존재이다.'라는 이 에고가 성령을 에워싸며 환한 빛인 성령이 드러나지 못하게끔 방해하고 가로막습니다. 이러한 에고의 작용으로 인해 높은 자아인 '참나'는 숨겨지고 낮은 자아인 '욕심'과 '성냄' 그리고 '어리석음'이 우리의

감정을 지배하게 되는 것입니다.

너희가 자신을 알 때 그때 너희들은 알려지게 될 것이다.
그리고 너희가 살아 있는 아버지의 자녀임을 이해하게 될 것이다.
그러나 만약 너희가 자신을 모른다면 너희는 빈곤 속에 사는 것이며 또 너희는 빈곤 그 자체가 된다.

네 얼굴 앞에 있는 것을 알라. 그러면 너에게서 감추어진 것들이 드러나 니라. 왜냐하면 밝혀지지 않는 숨기움은 없고 묻힌 것 중 다시 들림을 받지 않을 것이 없느니라.

『도마복음서』에 기록된 예수님의 가르침입니다.

낮은 자아인 에고를 극복하면 높은 자아인 '참나'가 환하게 드러나고 '참나'인 본래의 자기 자신을 알게 되면 하느님과 하나인 성령을 보게 될 것이며 이 성령은 한 번도 우리를 떠난 적도 없고 분리되어 존재한 바가 없음을 알게 될 것입니다.

낮은 자아인 에고는 우리가 '참나'인 성령을 보지 못하도록 눈을 멀게 하고 이 에고의 틀 속에서 살아가는 것을 예수님은 '빈곤'으로 표현합니다.

그리고 발견했을 때에는 깊이 충격을 받고 놀랄 것입니다. 그러나 그들은 그때에 우주를 다스리게 될 것입니다. 사람들은 이로써 그 왕국이 그들 안에 그리고 그들 밖에 있다는 것을 깨닫게 될 것입니다.

—『탈무드 임마누엘』

예수께서 말씀하셨다.
"찾는 자는 찾을 때까지 그 찾기를 멈추지 말아야 한다. 그들이 찾게 되면 그들은 동요될 것이다. 동요 되고 나면 그들은 놀라움을 금치 못할 것이고 모든 것 위에 군림할 것이다. 군림한 뒤에 그들은 안식할 것이다."

— 『도마복음서』

낮은 자아인 에고에 의해 감추어진 '참나'가 드러나면 이전과 다른 너무나 밝고 환한 빛에 의해 놀라움과 잠시 동안의 동요와 혼란은 있을지라도 하느님의 왕국과 내면의 안식을 맛보게 될 것입니다. '참나'가 드러나기 전의 생활과 '참나'가 드러난 이후의 생활은 새로움으로 내면의 평화가 가득차게 될 것입니다.

우리 앞에 있는 모든 것들은 '나'에서 '나는'이라는 생각이 만들어낸 커다란 허상입니다. 자기 자신의 '참나'를 알게 되면 에고가 만든 실상처럼 보이는 모든 존재가 허상이라는 사실을 발견할 것이며 실상처럼 보일지라도 실상이 아닌 허상으로 뚜렷하게 나타날 것입니다.

감추어진 것 가운데에서 드러나지 않는 것은 없는 것입니다. 사람들이 진리와 지혜로부터 해답을 탐구하면 무엇이 자기들의 앞에 있는지 깨닫게 될 것이고 그들로부터 감추어진 것들도 또한 저절로 드러나게 될 것입니다.

사람들은 선과 악을 판단하고 사물을 올바르게 이해할 수 있는 능력을 계발해야만 합니다. 그럼으로써 그들은 지혜로워지고 올바르게 되면 법칙을 따를 수 있게 됩니다.
무엇이 실상이고 허상인지, 무엇이 가치가 있는 것이며 무가치한 것인지, 무엇이 창조로부터 온 것이며 그렇지 않은 것이 무엇인지를 이해하는 것이 반드시 필요합니다.
사람들은 우주적으로 일체가 되어야 합니다. 그렇게 함으로써 그들은 창조와 일체가 되어야 합니다.

— 『탈무드 임마누엘』

『탈무드 임마누엘』에서는 '나이면서 남이요, 남이면서 나'인 성령을 창조로 표현하고 있으며 나와 남이 하나가 되는 것을 우리는 깨달음이라 하며 '물아일체物我一體'로 이야기합니다. '모든 우주만물과 나는 하나이다.'라는 뜻입니다.

『성약성서』는 내용이 아름다우면서도 읽어 나가기에 어려움이 없어 읽으면 누구나 이해할 수 있습니다. 그러나 조금 지루합니다. 하지만 『도마복음서』는 정신을 바짝 차리고 집중을 해도 이해하는 데 상당한 어려움이 있습니다.

방편에 대해 이야기를 해야겠습니다.

다섯 살 난 꼬마가 "아저씨! 눈이 왜 내리는 거예요?" 하고 물으면 "응! 수증기가 하늘로 올라가 구름이 되었다가 차가운 공기를 만나면 조그마한 얼음덩어리가 된단다. 이 얼음덩어리가 무게가 무거워 땅으로 떨어지면 그것이 눈이 되는 거야." 이렇게 설명할 수는 없습니다. 그래서 사실은 아니지만 꼬마가 이해할 만한 수준으로 "하늘나라 선녀님들이 뿌려 주는 거란다." 하면 그러면 꼬마는 초롱초롱한 눈망울로 고개를 끄덕입니다.

이것을 방편이라 합니다. 본래의 뜻과는 조금 벗어났지만 그 사람이 이해할 수 있게끔 눈높이를 낮추어 가르침을 펼치는 것입니다.

부처님의 주된 가르침은 스스로 깨달음을 찾아 불성을 회복하여 본래의 자기 자신을 만나는 것입니다.

하지만 부처님의 가르침은 너무나 복잡하고 난해하고 어렵습니다. 먹고 살기도 바쁘고 생활 자체도 어렵고 복잡한 일반 시민들에게 따로 이 어렵고 난해한 부처님의 가르침을 펼친다는 것은 무리입니다. 시간도 맞지 않고요.

그래서 불교에서는 부처님을 믿고 열심히 기도하면 극락정토에 간다는 간단한 방편으로 설명을 하는 겁니다.

그렇다고 방편이 틀린 가르침이라는 것은 아닙니다.

부처님의 본래 뜻과는 어긋났지만 부처님을 믿고 열심히 기도하면 기도 자체가 마음과 영혼을 정화시켜 주며 마음과 영혼이 정화되면 생활이 바르게 나타납니다. 그것이 부처님의 가르침인 팔정도입니다.

가끔 길거리에서 "예수믿음 천국! 예수불신 지옥!"이라고 마이크를 들고 고함을 치는 사람을 만나면 무섭고 소름이 돋습니다. 누가 저렇게 무식한 가르침을 이야기하고 또한 저러한 가르침을 받아들이고 있는 저 사람은 도대체 누구일까 하며 가슴이 답답해져 옵니다.

예수님을 믿고 기도를 하면 마음이 순결해지고 주위에 대한 사랑이 우러나오게 됩니다. 사랑으로 움직이고 사랑으로 생활을 하는 것, 이것이 예수님의 가르침인 성령의 거듭남입니다. 예수님의 본래의 뜻에는 벗어났지만 잘못된 가르침은 아닙니다.

그저 하나의 방편이며 예수님의 가르침의 핵심은 자신 안의 성령을 찾고 깨달아 하느님과 하나가 되라는 것입니다.

『성약성서』를 보면 예수님은 일반 군중이 이해하지 못하는 수준 높은 가르침은 제자들에게만 은밀하게 전해줍니다.

이것은 살아계신 예수께서 은밀한 말씀으로서 디두모 쥬다스 토마스가 기록한 것이니라.

『도마복음서』의 첫 구절입니다.

열두 제자 모두에게 은밀한 가르침을 펼치셨으나 우리에게 온전하게 전해진 비밀스러운 말씀은 이것 하나 살아남았습니다. 다행이라고 해야 할지. 슬프다고 해야 할지…

어쨌든 이 복음서를 만나지 못했다면 생생한 예수님의 본 모습을 그릴 수 없었을 겁니다.

성령은 '나와 남'이 하나이며 이 하나가 전체이며 시작이자 끝이며 모든 것이자 아무것도 없는 자리입니다. 그리고 환하게 빛나는 자리입니다.

> 나는 모든 것들 위에 비추는 빛이요, 나는 전체이노라.
> 모든 것은 나로부터 나왔고 모든 것은 나에게로 이르느니라.
> 나무토막을 쪼개보라. 내가 그곳에 있을 것이요,
> 돌을 들추어 보라. 그러면 거기에서 나를 발견할 수 있으리라.
> ―『도마복음서』

만물이 성령에서 나왔습니다. 나무토막에도, 돌에도, 꽃에도, 개에게도 성령은 깃들어 있습니다. 성령인 '참나'는 '나는'이라는 에고가 없는 순수한 '나'이며 동시에 '남'입니다.

그래서 중생이 아프면 부처님도 아프고 인간이 애통해하면 예수님도 애통해합니다. 나와 남이 하나이기 때문입니다.

> 지상의 모든 가족관계는 우주 보편애의 신성한 우정으로 승화되어 없어질 것입니다.
> ―『성약성서』

예수께서 말했다.

"나는 세상의 가운데에서 나의 자리를 취取했다. 그리고 나는 육체를 입고 나를 드러내었다. 나는 세상이 모두 취한 것을 보았으나 그들 가운데 누구도 목말라 하는 자를 찾지 못했다. 내 영혼은 사람의 자녀들로 인하여 아파하였다. 그들의 마음이 어두워 보지 못하기 때문이며 그들이 이 세상에 빈손으로 왔기 때문이며 또한 이 세상에서 빈손으로 떠나려고 하기 때문이다. 그러나 당분간 그들은 취해 있을 것이다. 그들이 술을 끊고 나면 그들이 자신의 길을 바꿀 것이다."

—『도마복음서』

　인간은 모두 욕망이라는 술에, 성냄이라는 술에, 어리석음이라는 술에 흠뻑 취해 자신의 길을 놓치고 있습니다. 에고로 인해 자기 자신의 본 모습을 보지 못하고 있습니다. 에고라는 술에 취해 있는 인간으로 인해 예수님의 영혼은 항상 애통해하였습니다. 인간은 에고라는 술에서 깨어 그 자신의 길을 찾아 다시 본래의 모습으로 돌아가야 할 것입니다.

　에고의 다른 이름은 이기심이요, 아집입니다. 그리고 삼독인 욕심과 성냄과 어리석음입니다.

22. 부활

죽은 육신을 다시 살릴 수 있을까요?

유전공학으로 인해 양도 복제되었고 개도 복제되었으니 조만간 인간도 복제되리라 믿지만 복제된 인간이 영혼을 가지고 있을까요?

모든 만물에는 영이 깃들어 있지만 인간이 만든 인조 가공물에는 영이 있을 수 없다고 생각합니다. 물론 사람에게 영이 있느냐, 없느냐에 대해서도 논란이 많습니다.

영이 있다고 믿지 않는 사람도 의외로 많은 수를 차지합니다.

> 형제들아! 내가 이것을 말하노니 혈血과 육肉은 하느님의 나라를 이어받을 수 없고 또한 썩는 것은 썩지 아니하는 것을 유업으로 받지 못하느니라.

『고린도전서』에 나오는 사도 바울의 말씀입니다.

육신은 죽으면 그만입니다. 죽은 시체는 더 이상의 의미를 갖지 않습니다.

예수님은 어떠한 방식으로 부활을 하시었고 부활의 의미가 무엇인지 살펴봐야겠습니다.

> 인간은 지상 위에 하느님의 뜻을 펼치기 위한 대행자입니다.
> 그래서 인간이 병자를 고칠 수 있는 것이며 하늘의 영을 제어할 수가 있으며 죽은 자를 일으켜 살릴 수 있는 것입니다.
> 내가 이러한 것들을 행할 수 있는 권능을 가졌다고 하여 이상할 것이 아무것

도 없습니다.

모든 인간이 이와 같은 일을 할 수 있는 권능을 갖게 될 것입니다.

그러나 그들은 낮은 자아의 모든 욕망을 정복해야 합니다.

그들이 하려고만 한다면 그것들은 정복될 수가 있습니다.

나는 죽음에서 살아난 사랑의 표현이다.

육의 본질은 그 고정된 것이 용해되기 전까지는 성령의 활기를 띨 수가 없습니다.

따라서 육체는 분해되어야만 하며 그것이 죽음입니다.

이제 나는 인간의 능력으로 죽음을 정복할 수 있음을 증명하려 하노라.

왜냐하면 모든 인간은 육화한 신이기 때문이다.

인간의 의지가 성령의 활동을 가능하게 합니다.

인간의 의지와 하느님의 의지가 일치되었을 때 부활은 일어나는 것입니다.

내가 이룬 일은 누구나 할 수 있으며 또한 누구나 나와 같이 될 수 있습니다.

—『성약성서』

『성약성서』와 『도마복음서』는 양식에 있어서 차이가 있습니다.

『성약성서』가 예수님의 생애를 기록한 전기집이라면 『도마복음서』는 선택받은 직계 제자에게만 비전을 전수해 주는 밀교라 할 수 있으며 전자가 방편이 약간 가미된 의식 수준이 그리 높지 않은 사람을 위한 경전이라면 후자는 상당한 공부를 하지 않고서는 이해할 수 없는 까다로운 경전입니다.

『성약성서』를 보면 예수님께서는 낮은 자아의 에고를 극복하면 '참나'인 성령이 드러나고, 이 성령은 하느님과 하나가 되어 우주만물을 제어할 수 있으며 죽은 자를 일으켜 살릴 수도 있는 부활의 권능을 갖는다 합니다.

그러나 『도마복음서』에서의 부활에 대한 예수님의 말씀은 조금 다릅니다.

> 예수께서 어떤 사마리아 사람이 양 한 마리를 짊어지고 유대 땅으로 가고 있는 것을 보시고 그의 제자들에게 묻기를 "저 사람은 저 어린 양으로 무엇을 하려고 하는가?"
>
> 그러자 제자들은 예수께 대답하기를 "저 사람이 양을 메고 가는 것은 그 양을 죽여서 먹으려고 하기 위함입니다."라고 하더라. 이에 예수께서 제자들에게 말씀하시느니라.
>
> "저 사람은 양이 살아 있는 동안에는 그것을 먹지 않을 것이니라. 하지만 그가 양을 죽인 후 그것이 고기가 되었다면 먹을 것이니라."
>
> 제자들이 말했다.
>
> "그렇게 하는 것 외에는 다른 방법이 없습니다."
>
> 예수께서 제자들에게 말씀하시느니라.
>
> "너희도 또한 그와 같으리니 그러므로 너희는 시체가 되어 먹히지 않도록 안식처를 찾아야 하리라. 그리고 너희가 그렇게 하지 못한다면 너희는 죽어서 먹히리라."
>
> —『도마복음서』

우리가 낮은 자아인 에고를 정복하지 못하면 육신은 살아 있을지라도 시체나 마찬가지며 죽으면 에고의 먹이가 되어 잡아먹히게 됩니다. 높은 자아인 '참나'인 성령으로 거듭나야만이 우리는 평화롭게 쉴 수 있는 내면의 안식처를 발견할 것입니다.

> 예수께서 말씀하시느니라.
>
> "두 사람이 한 침대에서 쉬고 있는데 한 사람은 죽고 한 사람은 살 것이니라."
>
> 살로매가 묻기를 "주인님! 당신은 누구십니까? 당신은 신으로부터 오셨음에

도 불구하고 저의 침상에 올라 쉬셨고 저의 식탁에서 잡수셨나 이다."
예수께서 그녀에게 말씀하셨다.
"나는 완전함. 그 자체로 존재하시는 분으로부터 온 자이니라. 그리고 나는 내 아버지로부터의 일들을 허락받았노라."
"저는 당신의 제자입니다."
"이러한 연유로 내가 말하노니 만일 하나가 완전하다면 그 하나는 빛으로 가득 차게 될 것이다. 그러나 만일 하나가 분리된다면 그 하나는 어둠으로 가득 차게 될 것이다."

너희가 너희 안에 있는 그것을 열매 맺게 한다면 너희가 그렇게 한 그것이 너희를 구할 것이라. 그러나 너희가 너희 안에서 그렇게 하지 않는다면 너희가 하지 않은 그것이 너희를 죽일 것이니라.

너희가 둘을 하나로 만들 때 너희는 사람의 아들들이 될 것이다.
그리하여 너희들이 산을 향하여 "이곳으로부터 옮겨가라."고 말하면 그 산은 움직여 갈 것이다.

—『도마복음서』

두 사람은 하나는 높은 자아인 '참나'로서 성령이며 나머지 하나는 낮은 자아인 에고입니다. 그 둘은 공존하여 생활할 수 없습니다. '참나'가 에고를 정복하면 에고는 사라져 없어지나 만약 에고가 우리 자신을 지배하게 되면 환하고 찬란한 빛인 성령은 에고가 만들어 놓은 육신이라는 암흑덩어리인 감옥에 갇히게 됩니다. 에고가 사라지고 완전한 하나인 '참나'가 드러나면 사방팔방이 온통 빛입니다.

에고는 사라지고 없어질 수 있으나 '참나'인 성령은 사라질 수도 없고 없앨 수도 없으며 에고가 할 수 있는 일은 포위하여 드러나지 못하게끔 가로막고 방해할 뿐입니다.

높은 자아인 '참나'가 드러나면 우리는 하느님과 완전한 하나가 되고 에고가 우리를 지배하게 되면 에고와 감추어져 힘을 잃어버린 '성령'으로 둘로 분리되어 존재합니다. 에고에 의해 성령은 드러내는 힘을 상실하고 칠흑 같은 어둠 속에서 생활하게 될 것입니다.

이 성령과 에고를 예수님은 이렇게도 표현하십니다.

하인은 두 주인을 섬길 수 없다.

인간은 하느님과 재물, 둘 다를 취할 수는 없다.

성령과 에고, 둘 다를 취할 수는 없습니다. 마치 물과 불이 함께할 수 없는 것과 같습니다.

두 번째 문장에서는 우리 안에 있는 '참나'인 성령을 온전하게 드러내는 것을 예수님은 열매로 비유합니다.

한 사람이 예수님에게 말씀드리기를 "나의 형제들에게 말씀하시어 내 아버지의 재산을 나누도록 해 주소서."
예수께서 그 사람에게 이르시되 "남자여! 누가 나를 나누는 자로 만들었는가?"
예수께서 그의 제자들에게 몸을 돌려 그들에게 말씀하시길 "나는 나누는 자가 아니도다. 그렇지 아니한가?"

—『도마복음서』

둘을 하나로 만든다는 의미는 '참나'인 성령에 낮은 자아인 에고가 녹아들어 사라진 상태를 말하며 에고가 성령을 지배하면 에고와 힘을 잃은 성령으로 분리되어 둘로 나타납니다. 예수님께서는 분리되어 둘로 나누어지는 것을 극도로 싫어하시며 자기 자신은 나누는 자가 아니라고 선언하신 이유입니다.

사도 도마는 육신의 부활은 받아들일 수 없었나 봅니다. 복음서 어디에도 육신의 부활에 관련된 내용은 없습니다. 『성서』를 보면 '의심 많은 도마'라 하여 육신이 부활하신 예수님의 옆구리를 직접 만져본 당사자인데도 부활하신 예수님에 대한 언급이 보이지를 않습니다.

예수님을 믿어야 천국에 갈 수 있다는 표현도 없고 메시아도 그리스도라는 내용도 없습니다. 일관되게 영적인 부활을 위해서는 자신의 깨달음을 강조하십니다.

복음서에는 영적인 부활 없이 살아가는 육신을 시체로 설명합니다. 살아 있으나 살아 있다고는 할 수 없는 마치 좀비와 같다고나 할까요.

> 너희가 살아 있는 동안에 살아 계신 하느님을 볼 수 있어야 하리니 그렇지 않으면 죽을 것이요, 그때서야 살아 계신 하느님을 찾아보려고 하여도 볼 수 없을 거니라.
>
> ― 『도마복음서』

> 나는 이 집을 허물어뜨리니 그 누구도 그것을 다시 짓지 못하리니.

> …그러므로 너희는 시체가 되어 먹히지 않도록 너희 스스로 안식처를 찾아야 하니라.
> 그리고 너희가 그렇게 하지 못한다면 너희는 죽어서 먹히게 되리라.
>
> ― 『도마복음서』

영적인 부활이 없는 죽음은 내세의 어떠한 기약도 없이 거기서 끝이며 낮은 자아인 에고에게 잡아먹힌답니다.

집은 낮은 자아인 에고를 의미합니다. 『도마복음서』에서는 윤회에 대한 말씀이 없습니다.

23. 영적인 부활

　홀륭한 성인들을 그려놓은 그림을 보면 머리 위에 둥그렇게 밝고 빛나는 발광체를 볼 수 있습니다. 그것을 에테르라 합니다.

　많은 과학자들이 이 에테르를 입증하고자 했으나 성공한 사람이 아무도 없으며 아직 발견되지 않은 상태입니다. 빛이 파동이냐, 입자냐에 대해 학자들 사이에 많은 논란이 있었고 파동을 주장하는 학자들이 빛이 만약 파동이면 파동을 실어 나르는 매개물질, 즉 매질이 있을 것이라는 가정 하에 그것을 에테르라 하였습니다.

　만약에 소리가 있다면 소리를 실어 나르는 매질은 공기가 되고 파도가 일렁이면 매질은 물이 됩니다. 빛은 상황에 따라 파동도 되고 입자도 된다고 밝혀졌으나, 아직까지 에테르는 학자들 머릿속에만 있는 관념상의 용어입니다.

> 빛이란 무엇인가? 이것은 단지 신속하게 전파되는 사상의 리듬 안에서 율동하는 하느님의 숨결일 뿐이다.
>
> —『성약성서』

　이 에테르는 물질이 아닙니다. 영의 육체 즉, 영체입니다. 물질이 아닌 것을 어떻게 과학적으로 입증할 수 있겠습니까?

　성령이 깃든 모든 것에는 이 에테르가 나타납니다. 그러나 영적 수준에 따라 드러내는 정도에 차이가 나며 밝기 또한 다르게 나타납니다.

『성약성서』를 보면 예수님은 이 에테르에 대해 여러 차례 언급하십니다.

> 내가 병고침의 사념을 보내어 병과 죽음의 에테르를 건강과 생명의 에테르로 바꾼 것을 왜 이상하다고 생각합니까?

> 우리 눈에 보이는 것은 단지 에테르가 진동하는 동안만 현상적으로 드러나 보이는 것에 대한 반영의 표현이므로 상태가 변하면 눈에 보이는 것은 사라져 버립니다.

> 그리고 성령의 기운이 불의 에테르를 진동시켜서 빛으로 만들 수 있는 것은 순결과 사랑의 마음밖에는 없습니다.

> —『성약성서』

높은 자아인 '참나'가 영적으로 발현되면 이 에테르가 드러나며 낮은 자아인 에고가 존재하면 이 에테르는 나타날 수 없습니다. 이것이 영의 육체인 영체로서 모든 것을 일어나게 할 수 있는 순수한 에너지체입니다. 동양에서는 이것을 기氣라고 합니다.

이 에테르는 불멸이자 영원한 생명이며 하느님과 하나 된 완전한 인간으로 '참나'인 성령으로 영적으로 부활한 상태가 에테르인 영체입니다. 이것을 예수님은 성령의 거듭남이라 하고 불교에서는 이 단계를 대오각성이라 합니다.

> 예수께서 말씀하시느니라.
> "너희의 눈앞에서 하늘이 무너지고 땅이 요동치며 사라질 것이다. 그러나 살아 계신 분 안에서 살아가는 사람은 결코 죽음이나 공포를 맛보지 않느니라."

예수께서 이렇게 말씀하시지 않았는가.

"자기 자신을 발견하는 사람은 이 세상을 초월해 살아가느니라."

—『도마복음서』

낮은 자아인 에고는 언젠가는 시체가 될 육신에 집착하도록 우리 자신을 유혹합니다. 이 에고의 유혹이 곧 사탄이자 악이며 우리와 하느님을 분리시키고 나와 남을 분리시키고 성령과 육신을 분리시켜 결국에는 영적으로도 죽음에 이르게 합니다.

영적인 부활이 없이 살아가는 것은 사망으로 나아가는 것입니다.

육체에 의지하는 영혼은 얼마나 가련한가?

그리고 이 둘에 의지하는 영혼은 그 얼마나 가련한가?

—『도마복음서』

둘은 에고와 육체입니다.

『성약성서』나 사도 도마가 『도마복음서』에서 선언하고자 하는 바는 '깨달음'과 '영적 부활', 이 두 가지로 요약됩니다. 물론 깨달음과 영적 부활은 둘이 아니라 하나이며 깨달으면 영적인 부활이 일어나며 영적인 부활은 깨달음이 없이는 불가능합니다.

우리는 하느님의 자녀들이며 하느님과 우리는 둘이 아니라 하나입니다.

『탈무드 임마누엘』을 읽어보면 이 영적 부활을 '창조와 하나'라고 표현하십니다.

그대들은 그대들 스스로가 창조와 하나가 될 수 있도록 인간으로 태어나는 무수한 과정을 통하여 영혼과 의식을 훈련시켜서 완전하게 만들지 않으면 안 됩니다.

— 『탈무드 임마누엘』

혼란스럽습니다. 십자가에 못 박혀 돌아가신 예수님에 대한 이야기가 복음서마다 차이가 납니다.

『성서』가 예수님의 육신의 부활을 주장하고 있다면 『성약성서』는 깨달음을 통한 영적 부활을 언급하고 있습니다. 반면 『탈무드 임마누엘』은 임사臨死 상태에서 삼 일간의 치료를 통하여 치료를 받은 후 인도로 간 것으로 나타납니다.

나는 육체로써 죽을 것이다. 그러나 나는 자신을 보일 수 있는 권능을 가지고 영체로써 일어나리니 육안으로 나를 볼 수 있으리라.

나는 죽은 자의 부활을 증명하기 위해서 왔으며 인간의 육신이 신성을 지닌 몸으로 변모될 수 있다는 사실을 증명하기 위해 왔노라.

그러자 예수님께서 말씀하셨습니다. "보라. 인간의 육체는 보다 높은 차원의 형태로 변모될 수 있느니라. 그 높은 차원의 형태는 모든 형상체의 으뜸으로서 뜻에 따라 임의로, 어떠한 형태도 취할 수 있느니라."

나의 육체는 신성한 사랑에 의해보다 높은 차원의 형태로 바뀌었습니다. 나는 육체나 또는 더 높은 차원의 생명으로도 뜻대로 나타낼 수가 있습니다. 내가 할 수 있는 일은 누구나 할 수 있습니다. 가서 인간의 무한한 능력에 대한 복음을 전하시오.

> 인간의 육체 속에는 죽은 자의 부활에 대한 진수(essence)가 담겨 있습니다. 성령에 의해 활기를 띠는 이 진수는 육체의 모든 구성물질을 보다 높은 차원으로 변모시키며 또한 육안으로는 보이지 않는 보다 높은 단계의 몸의 실체와 같이 만들 것이오.
>
> —『성약성서』

『성약성서』나『탈무드 임마누엘』은 부처님의 가르침과 너무나 유사한 윤회에 대한 말씀이 제법 나타나는데『도마복음서』에는 그러한 말씀이 전혀 없습니다. 도리어 영적부활이 없는 죽음은 거기서 끝이요, 더 이상의 의미가 없다고 하십니다.

『탈무드 임마누엘』을 보면 예수님은 이생에서 못다 한 공부는 다음 생으로 이어지며 인간의 사명은 창조와 하나 되는 영적인 완성이며 인간의 완성으로 창조 또한 인간을 통하여 진보해 나가며 창조 스스로를 완전하게 해나가게 된다고 하십니다.

예수님은 제자들에게 가르침을 펼치시면서 제자들에게 이렇게 말씀하십니다.『성약성서』또한 같은 의미를 담고 있습니다.

> 내가 진실로 그대들에게 말합니다. 이생에서 영적지식의 힘을 맛보지 못한 사람이 여기에 몇 있습니다. 그들은 그것을 다음 생에서 배우게 될 것입니다.

> 이 영혼이 저승으로 가게 되면 그것은 더 이상 처음 생성되었을 때처럼 무지하지 않습니다. 그 영혼은 다시 이 세상으로 돌아와서 한 인간으로 살게 됩니다. 그러나 그것은 더 이상 처음 태어났을 때처럼 무지하지 않습니다. 다시 그 영혼은 더 많은 지식과 새로운 지혜를 배우고 쌓게 됩니다. 그리하여 점점 더 무지로부터 탈출을 하는 것입니다.
>
> —『탈무드 임마누엘』

그들은 하느님을 닮은 자기를 진보시키기 위하여 몇 번이고 땅 위와 하늘 사이를 왕복하는 영원불변한 모든 생명의 일부인 것입니다.

—『성약성서』

아쉬운 것은 『도마복음서』가 예수님의 생생한 육성을 가감 없이 우리들에게 전해주고 있으나 분량이 너무 적어 전체적인 흐름을 잡기에는 조금 부족하다는 점입니다. 『탈무드 임마누엘』은 사분의 삼은 소실되어 지금 전해지고 있는 것은 사분의 일이라 합니다.

슬프기도 하고 다행스럽기도 하나 정말 아쉽습니다. 나머지 부분이 몹시 궁금합니다.

24. 세계교회

기독교는 한 세대를 2,000년으로 보고 시대를 다음과 같이 셋으로 구분합니다.

첫 번째는 아담에서 아브라함까지 한 시대, 두 번째는 아브라함 이후부터 예수님 이전까지 또 한 시대, 세 번째는 예수님으로부터 서기 2,000년까지 또 한 시대, 이렇게 시대를 구분합니다.

점성학적 측면에서는 예수님으로부터 서기 2,000년까지의 기간을 쌍어궁시대라 하며 물고기로 표시되며 물로 상징됩니다. 서기 2,000년 이후부터는 보병궁시대라 하여 공기로 상징되며 우리는 지금 보병궁시대를 맞이하고 있는 것입니다. 『성약성서』를 일명 보병궁복음서라 이야기하는 이유입니다.

『성약성서』를 보면 이 새로운 시대가 도래하면 전 세계의 뛰어난 성현들이 한자리에 모여 새로운 시대에 맞게끔 가르침과 사상을 새로이 정하고 또 다음 시대의 기틀을 준비합니다.

예수님과 세계의 7성현이 새로운 시대인 보병궁시대를 맞이하여 새로운 가르침과 사상을 준비하고자 히브리 사상의 대가인 파일로의 집에 모여들었습니다. 중국의 멘구스테, 인도의 비자바찌, 페르시아의 카스파, 앗시리아의 아사비나, 희랍의 아폴로, 애굽의 맛세노, 히브리의 파일로의 일곱 성현과 그리고 예수님이 한자리에 모였고 의장인 멘구스테가 먼저 말문을 열었습니다.

한 시대가 지나갔습니다. 그리고 보시오. 또 다른 시대가 왔습니다. 그리하여 성자들이 모이지 않으면 안 됩니다.

시간의 바퀴가 떠돌아 인류는 이제 보다 높은 사상의 수준에 머물러 있습니다.

그들은 다가오는 시대의 진리의 빛을 봅니다. 그러나 그들은 아직 그것을 이해하지 못하고 있습니다.

모든 형식과 의식은 인간이 영혼의 성전 안에서 행해야만 할 것들의 상징입니다.
다가오는 완전한 시대에는 형식이나 의식 또는 산 제물을 필요로 하지 않게 될 것입니다.
그러나 이제 곧 닥칠 시대는 완전한 시대가 아닙니다. 그러므로 사람들은 실물교육과 상징적인 의식을 필요로 하게 될 것입니다.

—『성약성서』

예수님 시대의 인간의 의식수준은 충분하게 깨어 있지 않았으며 사상적으로 준비가 부족한 상태였습니다. 그리하여 상징적인 형식과 의식이 필요했으나 2,000년 이후의 보병궁시대는 의식과 형식이 아니라 이성적이고 지혜를 깨우쳐 스스로 영적인 완성을 위해 앞으로 나아가야 하는 시대입니다. 예수님과 일곱 성인들은 진리의 빛을 밝힐 2,000년대 이후의 보병궁시대를 위해 많은 준비와 장치를 마련했습니다. 그리하여 뒤틀리고 왜곡된 예수님의 가르침이 비로소 제자리를 찾아갈 것입니다.

이 시대에는 아직 순결과 사랑의 과업에 대해서 충분히 이해하지 못하고 있습니다.

그러나 하느님이 성취해야 할 말씀은 한마디도 땅에 떨어지는 일은 없습니다.

왜냐하면 하느님의 명부 책에는 모든 사상과 말과 행동이 적혀 있기 때문입니다.

그리하여 세상이 이를 받아들일 준비가 되었을 때. 보시오, 하느님께서는 사자를 보내어 그 책을 펼치며 온갖 사랑과 순결의 소식을 그 신성한 책에서 옮겨 쓰게 하실 것입니다. 그러면 지상의 모든 사람들은 그들의 모국어로 생명의 말씀을 읽을 것이며 빛을 보고 빛 속으로 걸어가 빛이 될 것입니다. 그리하여 인간은 또다시 하느님과 일체가 될 것입니다.

— 『성약성서』 엘리후

그러나 2,000년 내로 그것은 다시 새롭게 또 왜곡되지 않은 상태로 가르쳐질 것입니다. 그때에는 사람들이 이성적으로 되고 지식을 갖게 될 것입니다.

— 『탈무드 임마누엘』

일곱 성현과 예수님은 그 시대의 수준에 맞추어 가르침을 다음과 같이 정리합니다.

인간은 아직 신앙에 의하여 생활할 수 있을 만큼 충분히 진화되어 있지 않습니다. 그들은 자신의 눈에 보이지 않는 사실들을 이해할 수 없는 것입니다.

인간은 아직 어린아이의 수준을 벗어나지 못하기 때문에 앞으로 다가오는 모든 시대를 통하여 그림과 상징, 의식과 형태로써 가르침을 받지 않으면 안 됩니다.

그들이 받드는 하느님은 인간적인 모습을 지닌 하느님이어야 합니다.

그들은 신앙에 의해서 하느님을 볼 수가 없습니다.

그리고 나서 인간은 아직 자기 자신을 다스리지 못하기 때문에 왕이 지배해야만 하고 인간은 왕을 위해서 봉사를 해야만 합니다.

인간은 창작할 수가 없기에 자신이 본 모형에 의해 모든 것을 세웁니다.
— 『성약성서』

쌍어궁시대인 예수님으로부터 서기 2,000년 무렵까지의 역사를 더듬어 보면 이와 같은 사실을 알 수 있습니다.

첫째, 원래 형상이 없는 하느님을 마치 형상이 있는 하느님으로 왜곡되어 가르쳐 왔습니다. 성령인 하느님의 모습에는 형상이 없으며 단지 인격화시켜 설명했을 뿐입니다.

둘째, 사실 그대로의 가르침, 진실 그대로의 가르침보다는 무의미한 그림과 상징, 정형화된 의식과 형식으로 고정된 틀에 가두려는 일방적인 가르침으로 본뜻과 어긋나게 가르쳐 왔습니다. 즉 실질적인 깨달음에 의한 영적 부활의 중요성이 사라졌습니다.

셋째, 잘못된 신앙을 강조하고 있습니다. 예수님은 일관되게 구원의 주체는 자기 자신에게 있다 하였는데 지금의 가르침은 예수님에 대한 믿음 하나로 천국과 지옥이 선택됩니다.

넷째, 20세기 이전까지만 해도 민중들은 소수의 왕의 지배 아래 통치를 받아왔으며 민주주의 역사는 1789년 프랑스의 혁명을 시작으로 제대로 자리를 잡은 것은 20세기 중엽부터입니다.

이제 21세기 보병궁시대를 맞이하여 우리의 의식은 깨어나야 합니다. 20세기 사고방식에 함몰되어서는 안 됩니다.

예수님과 일곱 성현들은 어쩔 수 없는 쌍어궁시대의 한계를 과도기로 파악하고 새로운 보병궁시대를 위하여 세계교회가 나아가야 할 방법을 제시합니다.

근본원리와 일곱 가지의 보편원리를 정하고 그 중심적인 사명을 이끌어갈 인물로 예수님을 선택합니다.

> 인간은 세계교회를 이해할 만큼 아직 신성한 사상을 갖고 있지 않습니다.
> 그런고로 하느님이 나에게 명하신 것은 세계교회를 세우는 것이 아니라 나는 단지 모델을 만드는 사람일 따름입니다.
> 나는 장래 세워질 교회의 모형을 만들기 위해 보내진 자입니다.
> 나는 다가오는 시대의 사람들이 이해할 수 있는 교회의 모형을 만들기 위해 온 사람입니다.
>
> ─『성약성서』

예수님은 21세기 세계교회에 대한 모델교회를 세우기 위해 열두 제자를 선택합니다.

> 낮은 신분의 사람으로부터 열둘의 불멸의 사상을 대표하는 열 두 명의 사람을 고르고자 합니다. 그리하여 이들이 모델교회가 될 것입니다.
>
> ─『성약성서』

그러나 예수님은 예수님과 열두 제자가 세운 모델교회가 어떻게 타락하고 왜곡되는지에 대해 다음과 같이 경계하십니다.

> 모델교회는 살아남을 것입니다. 비록 육의 인간들이 자신들의 이기적인 목적을 위하여 그 신성한 율법, 상징적인 의식과 형태를 더럽혀 그것이 단지 허울 좋은 겉치레에 지나지 않게 될지라도 소수의 사람은 그것을 통하여 영혼의 왕국을 찾아낼 것입니다.
>
> ─『성약성서』

소수의 사람만이 예수님의 참된 가르침을 바로 세워 장차 만들어질 세계교회의 뿌리 종자가 될 것입니다.

> 이제 때가 무르익었습니다. 그러므로 우리는 인류를 위해 이 시대에 알맞은 패션의 의복을 만들어야 합니다.
> 그리고 우리 함께 사람들을 위하여 공정, 자비, 정의, 사랑의 옷을 새로이 재단하여 다가오는 시대에 진리의 빛이 빛날 때 그들의 몸을 감싸 주도록 합시다.
> ―『성약성서』

예수님과 일곱 성현들은 보병궁시대를 맞이하여 공정, 자비, 정의, 사랑이라는 근본원리 아래 세계교회를 위한 일곱 조항의 보편원리를 정합니다.

첫 번째 보편원리는 멘구스테가 세웁니다.

> 만물은 사상이다. 모든 생명은 사상의 활동이며 수많은 실존의 형태들은 단지 하나의 커다란 사상이 명확히 표현된 하나의 국면이다. 보라! 하느님은 사상이며 사상은 하느님이다.
> ―『성약성서』

여기서 사상은 하느님의 거룩한 생각이며 큰 지혜입니다. 우리가 갖고 있는 생각은 하느님의 사상의 분신입니다. 왜냐하면 우리는 하느님과 하나이기 때문입니다. 우주만물은 하느님인 성령의 거룩한 생각이 만들어낸 창조물입니다.

> 그리고 예수님께서 말씀하셨습니다.
> "하늘과 땅 사이에 가장 위대한 권능은 사념입니다."
> ―『성약성서』

두 번째 보편원리는 비자바찌가 세웁니다.

> 영원한 사상은 하나이다. 그러나 본질적으로 그것은 지성과 힘의 두 가지이
> 다. 이것이 숨을 쉬어 자식이 태어났는데 이 자식이 바로 사랑이다.
> 이와 같이 하여 삼위일체의 신이 정립되어 사람들은 이들을 아버지, 어머니,
> 자식이라 이름 지어 부른다.
> 그리하여 삼위일체의 하느님이 숨을 내쉰즉, 보라! 칠성령이 그의 면전에 나
> 타난다.
> 이들이 바로 창조의 속성이다.
> 사람들은 그들을 보다 덜 중요한 신이라 부른다. 그리고 그들의 형상대로 인
> 간을 빚어 만들었다.
>
> —『성약성서』

예수님이 말씀하신 성령은 사랑과 지혜와 믿음이라고 언급하신 것
과 같은 표현입니다.

믿음과 힘과 행은 삼위일체로서 셋이지만 하나로 함께 작용을 하
며 지성은 지혜의 또 다른 이름입니다.

힘은 때로는 권능으로도 표현되어 있습니다.

이 칠성령을 옐로힘이라 하며 『성서』의 창세기에는 "우리의 형상을
따라 우리의 모양대로 우리가 사람을 만들고…"라고 언급되어 있습
니다. 이들이 우주창조의 성령으로써 형상이 비로소 드러납니다. 삼
위일체의 하느님은 형상이 없고 하위인 칠성령인 옐로힘은 형상이
있으며 신으로 인격화되어 인간의 숭배를 받게 됩니다.

> 창조는 신 위에 존재하시니 신 또한 창조의 법칙들을 충실히 따르며 존중하
> 십니다.
> 따라서 창조가 전능한 만큼 신께서 전능한 것은 아닙니다. 사람들이 신을 창

조라고 믿을 때 사람들은 창조의 진리에 대해 제대로 알지 못하게 됩니다. 왜 냐하면 신 또한 우리와 마찬가지인 인간이기 때문입니다.

—『탈무드 임마누엘』

우리가 신이라고 하는 존재는 우리와 같은 인간으로 다만 영적으로 수천 배나 위대하다는 것이며 의식과 지혜, 논리와 사랑에 있어서 상상하는 것 이상으로 인간을 뛰어넘은 존재일 뿐입니다.

세 번째 보편원리는 카스파가 세웁니다.

인간은 하느님의 사상으로서 제7위의 형상으로 만들어져 영혼의 실체 위에 육신의 옷을 입혔다. 인간의 소망은 강하였으므로 생명의 모든 단계가 명확히 나타나기를 원하였다. 그리고 그들은 인간 스스로를 위하여 지상형태의 에테르체를 만들었으며 그리하여 땅 위의 낮은 단계로 내려갔다. 이와 같이 낮은 단계로 내려간 것으로 말미암아 인간은 태어날 때부터 가지고 있었던 천부적인 권리를 잃게 되었으며 하느님과의 조화를 잃고 생명의 온갖 것을 부조화의 상태로 만들었다.

부조화와 악은 같은 것이다. 그러므로 악은 인간이 만들어낸 수공품이다.

—『성약성서』

인간은 여러 생명의 단계를 거쳐 사랑에 대한 다양한 경험을 하고 자 하는 자유의지를 선택했고 그로 천부적인 권리, 즉 하느님과의 일체에서 분리되어 또 하나의 에고를 탄생시켰습니다. 낮은 자아인 이 에고는 온갖 생명을 부조화의 상태로 만들었고 조화로운 자연계의 질서를 갈등과 다툼으로 혼란스럽게 만들었습니다.

네 번째 보편원리는 아사비나가 세웁니다.

> 씨는 빛 속에 발아할 수 없다. 종자는 그들이 땅을 찾아서 빛으로부터 몸을
> 숨기기 전에는 성장하지 않는다. 인간은 영생의 종자로 진화 발전한다. 그러
> 나 삼위일체 하느님의 에테르 속에서는 빛이 너무 강렬하여 종자가 성장하지
> 를 못했다. 그리하여 인간은 육신의 생명의 토양을 구하여 어두운 땅 속에서
> 그가 싹트고 성장할 수 있는 곳을 찾아내었다. 그들 인간의 종자는 뿌리를 내
> 려 충분히 잘 성장했다. 인간의 나무는 지물地物인 토양에서 발육하여 자연
> 법에 순응하며 완전한 형태로 도달해 가고 있는 중이다. 인간을 육의 생활로
> 부터 축복으로 승화시킬 수 있는 하느님의 초자연적인 힘은 없다. 인간은 식
> 물이 자라나듯이 때가 이르면 완성이 된다.
> 인간을 영적인 생활로 승화시켜 주는 영혼의 본질은 순결이다.
>
> ―『성약성서』

씨앗이 어두운 땅속에서 뿌리를 내리고 그 힘으로 줄기를 뻗어 힘
차게 솟아오를 때 비로소 밝은 태양을 만나 가지를 치고 꽃망울을
터트리며 결실을 맺습니다. 밝은 태양 아래에서는 씨앗은 뿌리를 뻗
지 못하며 씨앗 그 자체는 타서 말라 죽을 것입니다. 뿌리를 내리고
줄기를 내기 전까지는 씨앗은 어둡고 빛이 없는 땅속에서 자리를 잡
아야 하며 줄기에 힘이 붙으면 밝은 태양 아래 마음껏 가지를 치고
꽃망울을 터트리며 결실을 향해 나아가는 것입니다.

마찬가지로 인간도 뿌리를 내려 힘을 갖기 전에는 어둠 속 에고의
틀 속에서 자리를 잡아야 하며 살면서 많은 경험을 통해 익히고 배
워 힘을 쌓은 다음 낮은 자아인 에고를 극복해야 합니다.

결실이 씨앗을 벗어나듯이 우리 인간도 완성이라는 결실을 위해
씨앗인 에고를 떨쳐 버려야 합니다. 그러면 빛 덩어리인 하느님과 하

나가 될 것이며 영적인 완성을 향해 진화하고 발전하여 영생의 종자가 될 것입니다.

순결은 당신 내면의 소리인 양심이며 영이 당신 자신에게 들려주는 아름다운 노래입니다.

힘든 하루의 일과를 끝내고 전철을 타고 귀가할 때 70대 노인이 지팡이를 짚고 서서 손잡이를 잡고 힘들어 하는 모습을 보면 양심은 '뭐해. 얼른 일어나서 자리를 양보해야지.'라고 합니다. 그러나 한편에고는 '네가 왜 자리를 양보해. 너도 오늘 하루 힘들었잖아. 다른 누가 양보할 거야. 그냥 앉아 있어.' 이렇게 유혹합니다.

영이 들려주는 양심의 소리에 귀를 기울일 때, 에고의 유혹을 떨쳐낼 때 그것을 순결하다고 합니다. 양심에 따른 행위의 결과는 기쁨으로, 흐뭇함으로, 보람으로 우리의 사랑의 힘을 살찌우며 낮은 자아인 에고는 항상 변명하고 이유를 대며 남의 탓으로 문제를 돌립니다.

항시 영이 들려주는 당신의 내면의 소리인 양심에 귀를 기울이십시오.

다섯 번째 보편원리는 아폴로가 세웁니다.

> 영혼은 4마리의 백마에 의해 완전한 빛으로 끌려간다. 이들은 의지, 신앙, 원조, 사랑이다.
> 인간이 무엇인가 이루고자 하는 의지가 있으면 그는 그러한 일들을 감당할 수 있는 권능을 갖는다. 그러한 권능의 자식이 신앙이다. 그리고 신앙이 움직일 때 영혼도 따라 날기 시작한다. 이기적인 신앙은 빛으로 인도되지 않는다. 빛을 향해 가는 도중에 외로운 순례자란 없는 것이다. 인간은 단지 다른 사람들이 정상에 오를 수 있도록 도와주는 봉사정신을 통해서만 정상을 성취할 수 있다. 영적인 생활로 길을 인도하는 준마는 사랑이다. 그것은 비이기적인

사랑이다.

—『성약성서』

이루고자 하는 행동과 결과는 의지, 곧 믿음에 의해 결정되며 믿음에 따라 힘, 즉 권능이 나타납니다. 권능인 힘은 정결한 신앙을 통해 성숙되며 신앙은 영혼을 순결하게 하여 영적인 각성이 드러나게 합니다. 우리 인간을 정상으로 이끌어 주는 것은 사랑을 통한 봉사 정신이며 인간을 영적인 부활로 이끌어 주는 것은 비이기적인 사랑입니다.

의지를 다른 책에서는 때론 믿음으로 번역되어 있으나 믿음과 의지는 같은 의미를 갖고 있으며 힘의 고상한 표현이 권능입니다.

여섯 번째 보편원리는 맛세노가 세웁니다.

> 아폴로가 말한 우주 보편적인 사랑은 지혜와 신의神意의 자식이다.
> 그리하여 하느님께서는 이를 인간에게 알리기 위해 육신으로써 땅 위에 보내셨다.
> 성현들이 말하는 '보편애'는 그리스도를 말하는 것이다.
> 모든 시대에 있어서 최대의 신비는 그리스도를 어떻게 하면 마음속에 거하게 하느냐에 있다. 그리스도는 육에 속하는 냉습한 동굴에서 살 수가 없다.
> 공포, 자아, 감정, 욕망 등의 온갖 세속적인 것이 없어질 때까지 일곱 번 싸워서 일곱 번 이겨야 한다. 이것이 이루어지면 그리스도는 영혼의 소유물을 얻을 것이며 그러한 일이 성취되면 인간과 하느님은 하나가 될 것이다.

—『성약성서』

그리스도는 우주 보편적인 사랑이며 그리스도가 우리 안에 자리 잡게 하기 위해서는 낮은 자아인 에고를 극복하여 높은 자아인 성령으로 거듭나야만 합니다. 그리하여 우리 인간은 하느님과 하나가 되는 것입니다.

신의는 신의 의지, 곧 하느님의 의지이며 믿음입니다.

일곱 번째 보편원리는 파일로가 세웁니다.

> 완전한 인간이여! 그대는 삼위일체의 하느님에게 데려가기 위하여 자연이 만든 존재이다.
> 모든 세속의 육적인 진수眞髓가 영혼으로 화하고 영혼의 모든 진수가 하느님의 성스러운 숨결로 변하여 인간이 완전한 신으로 변모되어질 때 창조의 드라마는 종결을 짓게 되는 것이다. 이것이 천지창조의 완성의 모든 것이다.
>
> ─『성약성서』

놀라운 선언입니다. 하느님이 우주만물을 창조한 이유와 목적이 우리 인간의 완성이라고 선언하십니다. 인간의 완성이 창조의 종결점이라 말씀하십니다.

그러기 위해서는 낮은 자아인 에고를 정복하여 높은 자아인 성령으로 거듭나 하느님과 일체가 되어야 합니다. 그것이 당신 자신인 '참나'입니다. 남이면서 나이며 분리되기 이전의 당신의 본래 모습입니다.

> 창조는 그 자체가 순수한 영혼이며 따라서 그 자체가 무한한 힘입니다. 그것은 그 자체로서 한 개체이며 그 밖에는 아무것도 존재하지 않기 때문이다.
>
> ─『탈무드 임마누엘』

창조는 성령이며 영혼입니다. 일곱 조항의 세계교회의 보편원리가 정해진 후 예수님이 말씀하십니다.

생명의 역사는 이들 불후의 근본원리 속에 잘 요약되어 있습니다. 이들 일곱 개 조항의 세계적 보편원리는 일곱 개의 커다란 언덕이어서 그 위에 성스러운 도시가 세워져야 합니다.

이들은 그 위에 세계교회가 세워져야 할 일곱 개의 확실한 초석입니다.

그리고 보다 나은 시대가 오게 되면 세계교회가 일곱 개 조항의 세계 보편원리 위에 서게 되어 모형에 따라 세워지게 될 것입니다.

—『성약성서』

인류는 지금 보병궁시대를 맞이하여 우주의 보편적인 사랑의 세계교회를 세워야 할 시점입니다. 우리의 의식 수준과 사상을 시대에 맞게 새로이 세워 쌍어궁시대의 낡은 틀을 재정비하고 고정관념을 벗어나 열린 의식으로 사랑이라는 이름 하에 우리 인류는 하나가 되어야 합니다. 종교도 초월하고 인종도 뛰어넘고 나라도, 민족도, 사상도, 주의도 뛰어넘어야 합니다.

예수님 시대의 사람들은 성직자와 귀족들 이외에는 글을 쓰고 읽을 줄 아는 사람이 거의 없었으며 예수님을 믿고 따르는 사람들은 거의 문맹이었습니다. 그들의 의식을 깨우쳐 주기에는 많은 어려움과 한계가 있었습니다.

서기 2,000년인 지금 우리 인류는 무한한 가능성을 가지고 있으며 무한하게 열린 사회에 살고 있습니다.

이러한 때의 뒤에 오는 시대에는 인간의 시대, 신앙의 시대가 될 것 입니다.

—『성약성서』

따라서 2,000년 이내로 사람들이 알고 생각하게 될 때가 되면 내가 실제로 행한 가르침이 변조되지 않은 채 새로 드러나게 될 것이라는 것도 사실로 입증될 것입니다.

—『탈무드 임마누엘』

하나의 근본원리와 일곱 개의 보편원리로 세워지게 될 세계교회는 한편으로는 그리스도 교회가 될 것입니다.

그리스도 교회는 예수님께서 하느님의 사랑의 화신이며 사람이 사람들의 구세주라는 원리 위에 서 있는 것이오.

그리스도 교회는 단지 영혼 속에 내재하는 거룩한 왕국이 형상화 된 것에 불과하오.

—『성약성서』

세계교회는 교회나 성당과 같은 건물이 필요치 않습니다. 우리 각자의 영혼에 세워질 사랑의 교회입니다.

25. 악

성령은 사랑 그 자체입니다. 사랑이 움직이기 위해서는 먼저 생각이 일어나야만 하고 이 생각이 사랑 아닌 것으로 드러날 때 그때 비로소 악이 시작됩니다.

성령 그 자체에는 선도 없고 악도 없으며 오로지 사랑을 어떻게 드러내느냐에 따라, 한 생각이 어떻게 나타나느냐에 따라 선과 악이 선택됩니다.

이 올바르지 않은 한 생각으로 낮은 자아인 에고가 생겨나고 이 에고의 유혹을 이기지 못하였을 때 그때 나타난 결과와 행동이 잘못이요, 죄이며 이것이 악의 씨앗이 됩니다.

> 한 분이신 하느님께서 만드신 것은 모두가 선뿐입니다. 또한 이 위대한 첫 번째 대원인과 같이 성령은 모두 선입니다. 그들의 창조력 있는 손에서 나오는 모든 것은 선입니다.
>
> 한편 일체의 창조물에는 저마다의 고유한 색체, 음조, 형태를 가지고 있습니다.
>
> 그러나 어떤 음조는 그들 자신은 선이고 순수하지만 다른 것이 혼합이 되면 부조화한 잡음이 됩니다. 그리고 어떤 것은 그들이 선하고 순수함에도 불구하고 다른 것과 혼합이 되어 섞이게 되면 부조화한 것을 만들어내게 되어 바로 그러한 유독한 것을 일러서 사람들은 악이라고 부릅니다. 그러므로 악이란 선한 색체, 음조, 형태들이 부조화를 이른 혼합물을 뜻하는 것입니다.
>
> —『성약성서』

예수께서 말했다. "포도는 가시나무로부터 수확되지 않는다. 무화과는 엉겅퀴나무로부터 얻어지지 않는다. 그것들은 아무런 열매도 맺지 못하기 때문이다. 선한 사람은 자신이 비축한 것으로부터 선을 만들어낸다. 악인은 자신이 그 마음에 비축한 불의 힘으로부터 악을 만들어내고 악한 것을 말한다. 마음에서 넘쳐흐르는 것으로부터 악을 만들기 때문이다."

—『도마복음서』

　한 분이신 하느님과 창조의 근원인 성령에는 에고가 자리 잡지 못합니다. 하느님인 성령의 빛은 너무나 강렬하여 어둠인 에고는 다 타버려 견디지를 못하기 때문입니다. 이러한 에고가 있을 수 없는 하느님인 성령이 드러날 때에는 모두 선으로 나타날 수밖에 없습니다.
　세계교회를 위한 보편원리의 세 번째 조항을 읽어 보면 인간의 자유의지가 하느님과의 조화를 깨뜨리는 원인이 되고 인간은 천부적인 권리를 상실하여 낮은 단계로 내려오게 됩니다. 인간은 스스로 하느님과의 조화를 잃고 온갖 다른 생명을 부조화의 상태로 만듭니다. 이 부조화가 곧 악이며 악은 인간이 만든 작품입니다.
　악인이 비축한 불은 '욕망'을 뜻하며 곧 이기심인 에고입니다.

　사람은 완전한 지혜를 가진 존재가 아닙니다. 그렇지만 사람은 그 자체의 의지를 가지고 있습니다. 사람은 힘을 가지고 있어서 그것을 사용하여 하느님이 창조하신 선한 것을 가지가지 방법으로 혼합하여 매일 부조화한 소리와 악한 것을 만들어냅니다.
　그리고 모든 음조 혹은 형태는 선악을 가리지 않고 생물이 되어 악마, 요정이 되고 또한 선한 영이나 사악한 종류의 영이 됩니다. 인간이 이와 같은 악마를 만들고서 그를 두려워하여 도망치니까 그 악마들은 대담해져서 인간을 내몰고 그를 고뇌의 불길 속에다 집어 던지는 것입니다. 그 악마와 타오르는 불길도 모두 인간의 작품입니다.

그리고 불을 끄고 악마를 내쫓을 수 있는 존재는 그들을 모두 만든 사람 말고는 없습니다.

모든 단계에 있는 생명의 온갖 형태는 하느님의 사상이므로 온갖 창조물은 생각하고 의지를 가지고 있으며 개체마다 정도의 차이는 있으나 선택할 힘을 가지고 있습니다.

인간과 새 그리고 짐승과 버러지들은 육화한 하느님의 신성입니다. 그런데 어찌 감히 인간이 죽일 수 있겠습니까?

—『성약성서』

자연이 스스로의 뜻대로 존재하는 곳에는 위대성, 존엄성, 아름다움이 조화를 이루며 지배하고 있습니다. 그러나 인간질서의 발자취가 활발한 곳에는 조잡함과 무법과 추함이 놀라운 부조화를 소리 높여 증언하고 있습니다.

사람들은 그들의 영혼과 의식과 지식 면에서 볼 때 아직 미약합니다. 따라서 그들은 우선 스스로에게 많은 죄와 잘못을 저지를 수밖에 없습니다. 그런 뒤에라야 지식과 지혜를 축적하는 것을 배우게 되어 진리를 깨달을 수 있게 될 것입니다.

—『탈무드 임마누엘』

에고가 지닌 '욕심', '성냄', '어리석음'이라는 망상이 다른 모든 생명과 나와의 조화를 깨뜨려 부조화의 상태를 만들며 하느님과의 부조화, 자연과의 부조화, 인간과의 부조화로 모든 문제와 갈등 그리고 다툼의 원인이 되게 합니다. 이 망상으로 악이 생겨나게 되는 것입니다.

몸에 자리 잡은 에고는 가지가지 형태의 유혹으로 우리가 하느님과 가까워지는 것을 방해하며 이것이 다른 모든 생명에게도 나쁜 영향을 미칩니다.

인간을 제외한 다른 존재에게는 이 에고가 없고 단지 본능만 있어 악을 만들어낼 수 없습니다. 오직 인간만 악을 만들 수 있습니다.

> 하늘 아래 어떤 짐승들에게서도 인간들처럼 창조와 자연의 법칙을 거역하는 경우가 없습니다. 그러나 인간들은 짐승들보다 훨씬 더 귀한 존재가 아닙니까?
>
> — 『탈무드 임마누엘』

낮은 자아인 에고라는 밭이 없으면 악은 뿌리를 내릴 수 없기 때문에 악은 인간 스스로가 만든 어두운 존재입니다. 악은 이 에고를 바탕으로 사방팔방으로 영역을 확장하여 많은 문제와 갈등 그리고 다툼을 일으켜 인간 사회뿐만 아니라 자연에 악영향을 끼치고 이것은 다시 부메랑이 되어 점점 더 나쁜 환경이 되게 합니다.

하느님은 우리 인간을 창조했고 우리 인간은 악을 창조했습니다. 악은 우리 인간의 에고가 만든 작품이기에 우리 인간 스스로가 악을 제거해야만 하고 우리는 인간과 자연과의 부조화한 상태를 조화로 이끌어 하느님과 인간이 하나가 되고 자연과 인간이 하나가 되고 남과 내가 하나가 되도록 해야 할 책임이 있습니다.

우리 내면의 소리인 양심에 귀를 기울이고 영과 많은 대화를 나누면 어둠의 존재인 에고는 어둠이 빛에 의해 사라지듯이 에고는 사라질 것이고 에고의 유혹은 더 이상 나타나지 않을 것입니다.

26. 평화와 투쟁

> 내가 세상에 화평을 주러 온 줄로 생각지 말라. 화평이 아니라 검을 주러 왔
> 노라.
> 내가 온 것은 사람이 그 아비와 딸이 어미와 며느리가 시어미와 불화하게 하
> 려 함이니 사람의 원수가 자기 집안 식구니라. 아비나 어미를 나보다 더 사랑
> 하는 자는 내게 합당치 아니하고 아들이나 딸을 나보다 더 사랑하는 자도 내
> 게 합당치 아니하고 또 자기 십자가를 지고 나를 좇지 않아도 내게 합당치 아
> 니하니라.
> 자기 목숨을 얻는 자는 잃을 것이요, 나를 위하여 자기 목숨을 잃는 자는 얻
> 으리라.
> 너희를 영접하는 자는 나를 영접하는 것이요, 나를 영접하는 자는 나 보내신
> 이를 영접하는 것이니라….

『성서』에 나오는 예수님의 말씀입니다. 여기에 무슨 깊은 의미가 있
습니까?

여기에서 깊은 의미를 찾아낸다면 그 사람은 대단한 사람입니다.
어려운 단어도 의미를 부여할 내용도 없습니다. 그냥 그대로 읽으면
됩니다. 받아들일 말씀은 마지막 구절뿐인 것 같습니다.

『성약성서』를 한번 볼까요.

> 진정한 평화는 투쟁 뒤에 옵니다. 나는 이 죽음의 평화를 부수기 위하여 왔습
> 니다.
> 평화의 님은 우선 투쟁의 님이어야 합니다. 내가 사람들에게 가져온 진리의

빵의 효소는 악마의 마음을 소란하게 휘저어 민족, 도시, 가족 안에서 싸움을 일으킬 것입니다.

지금까지 평화스러운 가정에 살던 5명의 가족은 지금은 갈리어 2대3으로 싸우게 될 것입니다. 아들은 아버지를 배반할 것이며 어머니와 딸이 다툴 것이며 모든 가정은 싸움터로 변할 것입니다. 자아와 탐욕과 의혹이 열광적으로 날뛰어 나로 인하여 세상은 인간의 피의 세례를 받게 될 것입니다. 그러나 정의는 왕이므로 연기가 개이면 민족은 더 이상 전쟁을 원하지 않게 되고 평화의 님이 와서 세상을 지배할 것입니다.

낮은 자아인 에고로 아무 뜻 없이 살아가는 그러한 마음을 악마의 마음이라고 보고 있으며 그러한 상태를 진정한 평화가 아닌 죽음의 평화로 여기는 것 같습니다. 진리의 빵인 성령과 낮은 자아인 에고와의 싸움을 투쟁으로 보는 것 같습니다. 가정은 마음을 비유하는 것 같으며 우리 마음에는 사랑과 지혜가 있는 반면 욕심과 성냄, 그리고 어리석음이 있어 성령인 사랑과 지혜가 한편이 되고 에고인 욕심과 성냄, 그리고 어리석음이 한편이 되어 마음은 치열한 싸움터가 되는 것 같습니다. 또한 성령이 에고를 극복하는 것을 정의라 하며 마음에는 이윽고 내면의 안식처인 평화를 맛보게 되는 것 같습니다.

그러므로 인간은 다방면의 투쟁의 소용돌이 속에 뛰어들어가 이곳에서 자신을 해방하여 걸출한 존재가 되지 않으면 안 되느니라.

모든 투쟁 속에서 인간은 힘을 얻으며 모든 것을 정복하여 승리할 때마다 사람은 더 높은 곳에 도달할 수가 있는 것이니라. 따라서 날이 갈수록 거듭할수록 새로운 의무와 새로운 고통을 맛봐야 하느니라.

—『성약성서』

예수님은 낮은 자아와 모든 유혹을 일곱 번 싸워 일곱 번을 이긴 후에 그리스도라는 칭호를 획득했습니다. 낮은 자아인 에고와의 투쟁은 정말 처절한 싸움이 될 것입니다.

『탈무드 임마누엘』을 한번 볼까요.

> 나는 평화를 가지고 온 것이 아니라 진실로 인간 안에 깃들어 있는 영혼의 능력에 대한 지식이라는 칼을 가지고 왔습니다.
> 나는 지혜와 지식을 가지고 아들이 아버지에게 맞서게 하고, 딸이 어미에게 맞서게 하고, 며느리가 시어미에게 맞서게 하고, 하인이 주인에게 맞서게 하고, 백성이 그 정부에게 맞서게 하고, 믿는 사람이 설교자와 사제에게 맞서도록 하기 위해서 왔습니다.
> 그리하여 사람들의 적은 바로 자기들의 가족이 될 것입니다.

영적 부활은 자기 스스로 완성시켜 나가야 하며 그 누구도 이를 도와주지 못합니다.

성령인 영적 부활을 방해하고 가로막는 자는 진리인 성령의 뜻에 어긋나기 때문에 이를 방해하는 자는 그 누구라도 적으로 간주하여 맞서 싸워야 합니다. 당신의 영적 부활을 방해하고 가로막는 사람은 항상 당신 가까이 있으며 멀리 있는 사람은 당신과 아무 관계가 없습니다.

지혜를 사용하여 당신의 의식을 일깨우십시오. 맹목적인 믿음이 아니라 냉철한 비판의식으로 존재의 본질을 꿰뚫어 보십시오.

제가 권해드리고 싶은 것은 책과 명상입니다.

인간의 영혼은 많은 말을 필요로 하지 않습니다. 다만 능력이 있는 영혼이 되기 위해 지식을 필요로 할 뿐입니다. 보배들이 있는 곳에 그대들의 마음 또한 있으니 참된 보배는 지혜와 지식뿐입니다.

그리고 나서 임마누엘은 제자들에게 말씀하셨습니다. "나의 가르침을 따르고자 하는 사람은 누구나 스스로 진리와 깨달음과 이해를 찾아야 하는 짐을 져야만 합니다."

— 『탈무드 임마누엘』

마지막으로 『도마복음서』를 봐야겠습니다.

예수께서 말했다. "아마도 사람들은 내가 세상에 평화를 주러 왔다고 생각할 것이다. 그들은 내가 세상에 분쟁을 던지러 온 줄 알지 못한다. 다섯 사람이 한집에 있다면 셋이 둘을, 둘이 셋을 향해, 아버지가 아들을 향해, 그리고 아들이 아버지를 대적하며 그들은 모두 홀로 설 것이기 때문이다."

『성약성서』의 내용과 유사합니다.
'홀로 선다'는 말은 자신의 영적 부활은 하느님도 그 누구도 도와줄 수 없으며 그 스스로 만들어가야 한다는 의미입니다.

27. 신앙과 구원

일단 『성약성서』의 내용을 보겠습니다.

신앙이란? 하느님과 인간이 전능하다는 것을 확증하는 것이며 사람이 신적
인 생활에 도달할 것을 확증하는 것입니다.

구원이란? 인간의 마음에서 하느님의 마음으로 올라가는 사다리입니다.

첫 번째 사다리가 믿음인데 이것은 아마도 사람이 진리라고 생각하는 것을
대상으로 하는 것입니다.

다음 단계가 신앙이니 이것은 인간이 진리가 무엇인지를 아는 것입니다.

마지막이 완성입니다. 이것은 인간 자신이 바로 진리라는 사실을 깨닫는 것
입니다.

믿음은 신앙에 젖어 없어지며 신앙은 완성 속에 사라집니다. 인간은 그 자신
이 하느님과 같은 생활에 도달하여 그 자신과 하느님이 하나가 되었을 때 구
원을 받게 되는 것입니다.

—『성약성서』

신앙은 인간이 영적 부활을 이루어 진리인 성령과 하나 됨을 확인
하는 것이요, 구원은 인간이 영적 부활을 이루어 진리인 성령과 하
나가 되었을 때 그때 그것을 '구원받았다'고 합니다.

일찍이 신앙에 의하여 간구하여 얻지 않은 사람이 없었으며 구하여 헛된 일
이 아무것도 없었으며 올바르게 문을 두드리는 사람치고 문을 열지 못한 사
람은 아무도 없었습니다.

신성한 생활을 하고 하느님의 뜻을 행하는 사람은 영혼의 왕국 안에서 사는

것입니다.

영혼이 맑으면 생활이 깨끗하게 나타납니다.
영혼을 맑게 해 주는 것은 기도와 명상입니다.

하느님의 뜻을 믿고 이를 행하는 자는 신앙에 있어 하느님의 아들입니다.

신앙에 간구함이 없는 믿음은 없느니라. 신앙은 기도의 양 날개이지만 날개
는 홀로 날지 못하는 것이니라.

인간이 신앙에 바칠 수 있는 가장 효과적인 기도는 도움을 필요로 하는 사람
을 도와주는 것입니다. 왜냐하면 그대들이 다른 사람을 위해 일을 하면 하느
님께서도 그만큼 그대들을 위해 축복의 손길을 뻗치기 때문입니다.

한 사람의 경건한 신앙생활은 만인의 영혼을 순수하고 정의로운 길로 인도합
니다.

28. 기도

나의 영혼이여 그대는 전능합니다.

그대의 이름이 거룩하게 되기를 빕니다.

내 안의 그대의 왕국을 스스로 구현하도록 하소서.

그대의 능력이 내 안의 지구 위에서 그리고 하늘들 안에서 펼쳐지도록 하소서.

오늘 하루분의 양식을 주셔서 나로 하여금 내 잘못을 인식하고 진리를 깨닫게 하소서.

그리고 유혹과 혼란으로 이끌지 말고 나를 잘못으로부터 구원하소서.

이는 내 안의 왕국과 능력과 지식이 영원히 당신 것이기 때문입니다.

— 『탈무드 임마누엘』

예수님이 우리에게 주신 아름다운 기도입니다.

기도의 원천은 마음에 있습니다. 말이 아니라 사상에 의하여 마음은 하느님 앞에 올라가 그곳에서 축복을 받습니다.

참다운 기도란? 모든 삶의 방식이 빛이며 모든 행동이 선에 의해 장식되고 온갖 생물이 우리의 헌신적인 봉사에 의하여 번영되라고 기원하는 것입니다. 고귀한 행위, 유익한 말이 곧 열렬하고도 효과 있는 기도입니다.

하느님께서 신앙의 기도를 들어주시며 그대들이 믿고 간구하면 모두 이루어 주시리라.

— 『성약성서』

제2장

자세히 살펴보기

—

사람들은 성령을 신이라 불렀다.

a: 삶은 무엇입니까?
b: 없습니다.

a: 제 앞에 있는 당신은 누구입니까?
b: 꽃을 보고 있습니까?
꽃 그림자를 보고 있습니까?

a: 무엇이 꽃입니까?
b: 짝! (손뼉 치는 소리)

일부러 복음서의 장과 절은 생략했습니다.
찾고 싶은 분은 복음서를 다 읽어야 할 것입니다.
『도마복음서』나 『탈무드 임마누엘』은 그리 양이 많지 않지만 『성약성서』는 꽤 됩니다.
그러나 『성약성서』만큼은 꼭 읽게 하고 싶었습니다.
인터넷을 보면 많은 버전(Version)이 나와 있습니다.

1. 명상

명상, 묵상, 참선, 기도, 염불, 찬송가, 주문 등은 우리의 생각과 생활을 순수하게 만들고 하는 방법과 절차에 있어서는 차이가 있을지라도 우리의 삶을 올바르게 이끌어 줍니다. 우리의 영혼을 맑게 만들어 줍니다.

> 영혼이 그의 하느님과 만나는 고요한 순간이 있습니다. 그곳에 지혜의 샘이 있습니다. 그리고 그곳에 들어가는 사람은 모두가 진리의 빛에 씌여져서 지혜, 사랑, 권능으로 충만하게 됩니다.
>
> ─『성약성서』

> 명상을 통해서 지혜를 얻게 되니 그렇지 않으면 무지할 것이다. 무엇이 너를 앞으로 이끌고 무엇이 뒷덜미를 잡는지 분명히 알지어다.
>
> ─ 석가모니

명상은 자신과 자기 자신의 내면과의 대화입니다. 하나의 주제를 정해 자기 자신에게 묻고 또 물어보십시오. 많은 다른 생각이 불쑥불쑥 솟아날 겁니다. 그러면 원래의 주제로 다시 돌리십시오.

이렇게 반복하다 보면 생각의 힘이 쌓여 당신이 미처 보지 못한 존재의 실상을 꿰뚫어 볼 수 있게 되며 당신이 놓치고 살아온 것이 무엇인지 알게 될 것입니다. 명상을 통해 많은 지혜를 얻게 될 것입니다.

틀에 메이지 마십시오. 자연스럽게 호흡하십시오. 몸은 알아서 들숨과 날숨으로 호흡하고 있으니 그냥 그대로 놔두십시오. 호흡에 주의를 기울일 필요가 없습니다.

가장 편한 자세를 취하십시오. 서 있어도 좋고 걸어가는 것도 괜찮고 눕는 것이 편하면 누운 채로 하십시오.

시간에 구애받지 마십시오. 명상하다가 일이 생기면 일을 하고 시간이 허락되면 다시 시작하십시오. 길을 걸으면 길을 걸으면서, 차를 타면 차 안에서, 산책을 하면 산책을 하면서, 그냥 시간이 주어지는 대로 하면 됩니다.

장소에 구애받지 마십시오. 어느 곳이라도 지금 당신이 있는 그 자리가 곧 명상의 장소입니다.

그리고 책을 읽으십시오. 생각만 하고 책을 읽지 않으면 자기 생각이 모든 것이라는 우물 안 개구리 신세가 될 것이며 책만 읽고 생각하지 않으면 책이라는 한계에서 깨어나지 못합니다. 생각하면서 책을 읽고 비판의식을 가지십시오.

> 그들의 의식은 깨닫지 못하고 비어있는 상태이니 우선 생각하는 것부터 배우지 않으면 안 됩니다. 그들을 일깨워 생각을 하도록 만들기 위해서는 비유로 말하는 것 이외에 달리 더 나은 방법이 있습니까?
>
> ─『탈무드 임마누엘』

사람은 항상 하느님과 만날 수 있는 비밀의 장소를 몸에 지니고 다닙니다. 그곳은 영혼입니다.

일단 명상 안에 들어가면 환영의 허깨비가 머릿속에서 잠시 어른거리지만 그들은 모두 마음의 의지에 굴복하여 주인인 영혼이 이야기하면 그들은 모두 물러갑니다.

그리고 당신은 모든 마음의 긴장, 모든 세속적 관심사, 일체의 공포, 일체의 의혹과 번뇌를 버리지 않으면 안 됩니다. 그대 인간의 의지가 하느님의 신성 속으로 흡수되지 않으면 안 됩니다. 그렇게 되면 그대는 신성한 의식 속으로 들어가게 될 것입니다.

—『성약성서』

명상에 힘이 붙고 명상이 깊어지면 모든 잡생각이 물러나고 당신이 생각하는 한 주제마저 사라지는 때가 옵니다. 이것을 불가에서는 '선정'이라 하고 예수님은 하느님과 '하나되는 자리'라 합니다.

마음의 고통에서 벗어나 아무런 왜곡 없는 순수한 마음상태로 돌아가는 것을 초월이라 하며 이를 실천하려고 하는 것, 이것이 곧 명상입니다.

인간의 영혼에는 사물의 실체를 보기 위해 신비의 베일을 찢어내려고 하는 그 어떠한 것이 있습니다. 우리는 이것을 영각이라 부릅니다. 그것 은 영혼 안에 잠자고 있어서 성령의 숨결이 손님으로 임하기까지는 깨어나지 않습니다. 이러한 성령의 숨결은 모든 영혼의 문을 두드리지만 인간의 의지가 문을 활짝 열 때까지는 들어 갈 수 없습니다. 지성에는 그 열쇠를 돌릴 힘이 없습니다. 철학과 과학은 신비의 베일 안을 힐끗 힐끗 들여다보았으나 헛수고에 불과했습니다. 영혼의 문을 열어 둔 채로 두는 비밀의 장치는 순수한 생활, 기도, 거룩한 상념 이외에는 없습니다.

—『성약성서』

영혼과 의식 안에서 눈을 뜨고 위대하게 하시오. 그리고 유혹당하는 일이 없도록 하시오. 영혼은 기꺼이 하고자 하나 육신이 허약하도다.

나의 가르침이 갖는 의미와 그 속에 담긴 진실을 찾도록 하시오. 이는 나 역시 그대들과 같은 사람이기 때문에 그것들을 찾고 이해하지 않으면 안 되었기 때문입니다.

지혜보다 더 고귀한 행복이 없고 지식보다 더 나은 친구가 없으며 또한 영혼의 힘 이외에는 달리 구원자가 없습니다.

—『탈무드 임마누엘』

　　성령의 본 모습은 사랑이며 영, 혹은 영혼 역시 사랑입니다. 영혼의 힘은 사랑의 힘이며 순수한 생활, 기도, 바른 생각은 영혼을 정결하게 합니다.

2. 분별심

사물을 차별해서 보고, 분별해서 보는 마음을 분별심이라 합니다. 옳음과 그름, 맞음과 틀림, 좋음과 나쁨, 깨끗함과 더러움, 아름다움과 추함, 귀함과 천함 등….

분별심은 '나는'이라고 집착하는 데에서 비롯되며 이 '나는'이라는 생각이 식識을 만들고 이 식, 즉 안다고 하는 것은 대상을 아는 마음, 곧 대상을 다른 것들과 구분하여 아는 역할을 하는 마음입니다.

대상을 구분하고 차별하는 이 분별심을 버린다는 것을 무분별, 혹은 무심이라 하며 무심은 아무 생각 없이 살아간다는 뜻이 아닙니다. 좋다는 마음, 나쁘다는 마음을 일으키지 않고 자연스럽게 자기의 할 바를 다하는 것이며 손익을 따지지 않고 할 바를 다하고자 하는 마음입니다. 아집이라는 고정관념이 사라진 마음입니다.

그러나 현실세계에서는 존재의 실체를 명확하게 구분하여 선과 악, 옳음과 그름, 좋음과 나쁨을 바르게 분별하는 것은 어쩔 수 없는 일입니다. 이렇게 존재를 왜곡됨 없이 바르게 분별하는 기능, 혹은 힘을 지혜라 합니다.

세상은 비록 생각이 만든 허상이지만 우리 일반인들이 이러한 현실을 받아들이는 것은 너무 힘들고 어려운 일이며 분별심 없이 모든 존재를 바라본다는 것은 불가능하다고 생각합니다. 다만 대상을 바르고 지혜롭게 분별하는 힘을 길러야 한다고 생각합니다.

인간에게 꽃은 아름답고 예쁘고 깨끗하게 보입니다. 인간에게 똥은 더럽고 추하고 지저분하게 보입니다.

파리한테는 어떨까요? 파리한테 똥은 무척 아름답고 무척 예쁘고 무척 깨끗한 곳입니다. 그래서 파리는 똥만 보면 옹기종기 모여 동네 이야기도 하고 쉬어가기도 합니다.

파리한테 꽃은 어떨까요? 파리한테 꽃은 무척 더럽고 무척 추하고 무척 지저분한 곳입니다. 어쩌다 파리가 꽃밭에 앉으면 '오늘 재수 더럽게 없네. 꽃 밟았잖아!' 그렇게 이야기할 것입니다.

부처님 눈에는 어떻게 보일까요?

부처님은 꽃을 봐도 '아름답다, 예쁘다, 깨끗하다'는 생각이 나타나지 않습니다. 똥을 봐도 '더럽다, 추하다, 지저분하다'는 마음이 일어나지 않습니다.

부처님에게 꽃은 그저 꽃이요, 똥은 그저 똥일 뿐입니다. 부처님에게는 분별심이 일어나지 않습니다. 그래서 부처님은 항상 존재의 본질을 놓치지 않고 꿰뚫어 보십니다.

이 분별심이 존재의 본질을 제대로 보지 못하게끔 가로막고 방해를 합니다.

이 똥을 오이밭에, 고추밭에 뿌리면 똥은 거름이 되어 싱싱하고 상큼한 오이를 만들고, 아삭하고 매콤한 고추를 맺게 합니다. 이 똥이 부족하면 오이는 상큼한 맛을 잃고, 고추는 매콤한 맛을 내지 못합니다. 우리가 더럽고, 추하고, 지저분하다고 생각하는 이 똥이 있기 때문에 싱싱한 오이를, 매콤한 고추를 마음껏 먹을 수 있는 것입니다. 똥은 비록 추하고 더럽지만 우리에게 이렇게 유용한 존재입니다.

분별심, 차별심을 버리고 존재의 본질을 꿰뚫어 보도록 노력하십시오. 그 존재의 허상이 아니라 본질을 꿰뚫어 보는 안목을 키우십시오.

3. 무無

『성서』의 창세기에 관한 내용을 보면 이것은 창조가 아닙니다. 먼저 흑암이 있었고 또 수면이 나오고 하나님의 영이 수면 위를 운행한다고 나옵니다.

있는 데서 또 다른 있음이 나오는 것은 본창조가 아니라 준창조입니다. 흑암은 누가 창조하였고, 수면은 또 누가 창조하였습니까? 창조란 아무것도 없는 무에서 무언가 있음인 유가 나와야 합니다.

서구사상은 유에서 또 다른 유를 이야기할 뿐 이 무에 관련된 내용이 없으며 이 부분에서 벌써 출발점을 잘못 잡은 것입니다. 동양사상은 항상 출발점이 이 무에서 시작합니다.

단군성조님의 『천부경』을 보면 첫 문장이 '일시무시일一始無始一'입니다. 하나가 시작되었는데 그 시작된 하나가 없다는 것입니다. 하나인 유가 나왔는데 그 하나는 어디서 나왔느냐? 무시일, 곧 무에서 나왔다고 하십니다. 무에서 하나인 유가 나왔으며 이것이 변화를 일으키고 발전하여 우주만물이 비로소 자리를 잡은 것입니다. 우주만물이 나온 출발점은 '무' 자리입니다.

부처님은 『반야심경』에서 '공즉시색'이라 말씀하셨습니다. 색은 곧 우주만물입니다. 우주만물이 생겨났는데 이 우주만물은 어디서 나왔는가? 그 자리가 바로 '공'이라 합니다. 이 '공'은 또 '무'와 서로 통합니다. 무에서 유가 나온 겁니다.

노자님은 『도덕경』에서 '도는 일을 낳고, 일은 이를 낳고, 이는 삼을 낳고, 삼은 만물을 낳는다'고 설명하십니다. 여기서 말하는 도는 무와 같습니다. 무에서 일이 나오고, 이가 나오고, 삼이 나오고 이 삼에서 만물이 나옵니다. 즉 무에서 유가 나옵니다.

공자님은 『역경』에서 무극에서 태극이 나오고 태극이 오행과 더불어 상호작용을 하여 변화돼 나타난 것을 우주만물이라 설명하십니다. 무극은 무입니다. 태극은 음과 양으로 이것이 오행과 맞물려 상호작용을 하고 이 상호작용으로 변화되어 생겨난 것이 이 우주만물입니다. 무에서 유가 탄생된 것입니다.

동양의 성인들은 한결같이 존재의 출발점을 무에서 찾았습니다.

스티븐 호킹 박사가 '빅뱅'설을 강연한 후에 한 기자가 물었습니다.

"박사님! 그 한 점은 어디서 왔으며 한 점 이전의 우주는 어떠한 상태였습니까?"

"글쎄요. 그건 저도 모르겠습니다. 그러나 구태여 이야기하자면 어쩌면 우주심이 아닐까요?"

호킹 박사는 동양의 무를 우주심으로 보았습니다.

한 학자가 원자에 대해 집중적으로 파고들었습니다. 원자를 살펴보니 원자핵 주위로 무수히 많은 전자가 빙빙 돌고 있는 것을 알게 되었고 다시 핵을 집중적으로 파고 들어가니 핵은 무수히 많은 소립자로 뭉쳐진 덩어리라는 사실을 알았습니다.

다시 소립자를 파헤치면서 이 학자는 깜짝 놀랐습니다. 소립자가 '탁' 하고 사라지는데 어디로 갔는지를 알 수가 없었습니다. 또 어디선가 소립자가 갑자기 나타났는데 어디서 왔는지를 알 수가 없었습니다. 이 학자는 그것을 '도약'으로 설명합니다.

물질의 최소단위, 즉 모든 입자를 구성하며 물질의 바탕이 되는 입자를 미립자라 합니다. 이 미립자는 관찰자가 관측을 하면 물질인 입자가 되고 그렇지 않을 때에는 파동으로 나타납니다. 이것을 관찰자 효과라 하며 우주만물을 창조하는 우주의 가장 핵심적인 원리입니다.

미립자는 우주의 모든 정보와 지혜, 힘을 갖고 있고 모든 것을 알고 있으며 인간이 원하는 모든 것을 창조할 수 있는 가능성을 갖고 있습니다. 우리 인간이 얼마나 깊이를 갖고 바라보느냐에 따라 변화의 폭과 작용하는 정도가 달라지며 우리의 몸과 마음과 지능을 바꿀 수 있으며 심지어는 물질을 변화시킬 수 있습니다.

모든 존재는 고도의 지능을 가진 미립자들로 만들어졌으며 이 미립자는 사람의 속마음을 낱낱이 읽어 낸다는 사실이 밝혀졌으며 미립자의 배후에는 의식적이며 고도의 지능적인 마음이 존재하며 이 마음이 모든 것을 창조합니다.

관찰자가 관측하고자 하는 의도를 갖고 바라보면 미립자는 '무'인 파동에서 물질이며 '유'인 입자로 나타나며 관측하고자 하는 의도를 갖고 있지 않으면 물질이며 '유'인 입자는 '무'인 파동으로 돌아갑니다. 즉 생각인 '무'에서 물질인 '유'가 창조됩니다.

인간은 보통 일평생 뇌를 5% 가까이 사용합니다. 만약 인간이 뇌를 100% 깨울 수 있다면 인간에게 어떠한 일이 일어날까요? 최민식 씨가 주연을 맡은 《루시》라는 영화를 보셨는지요? 주인공인 루시는 우연한 사건에 휘말리면서 뇌의식을 깨어나게 하는 약을 먹게 되고 이로 인해 뇌의식이 점점 깨어나면서 상상 이상의 초월적인 능력이 발휘하게 됩니다. 이 영화는 만약 약을 통하여 인간의 뇌를 100% 깨어나게 하면 과연 우리 인간의 몸과 정신에는 어떠한 현상이 나타날까 하는 물음에 대한 답을 가정으로 하여 만든 것입니다.

대개는 많은 수행과 깊은 공부를 통해 의식적으로 뇌를 깨워 잠재된 우리의 의식을 높일 수 있으며 깨어난 의식의 정도에 따라 몸과 정신의 능력은 다르게 나타납니다.

과학계에서는 이를 초능력이라 하며 인간의 뇌 안에 잠재되어 있는 초의식이 깨어난 것입니다. 기독교에서는 이를 기적이라 하고 불가에서는 신통력이라 합니다.

부처님은 신통력을 갖기 위한 첫 번째 조건을 생각인 념念, 즉 일심을 이야기하며 예수님은 기적을 나타내기 위한 첫 번째 조건을 믿음으로 설명하십니다.

이 믿음의 정도에 따라 인간의 의식이 깨어나며 이것에 의해 영적 능력이 결정됩니다. 뇌가 깨이면 의식이 열리고 의식이 열리면 열린 만큼 영적인 능력이 자리합니다.

루시는 몸을 마음대로 바꾸고 과거로 시간 여행을 하고 보이지 않는 원자까지 볼 수 있는 등 많은 초능력을 발휘합니다. 그리고 결국에는 '나는 모든 곳에 존재한다.'는 문자메세지를 남기고 현실세계에서 사라집니다.

뇌가 100% 깨어나면 의식이 100% 열리며 의식이 100% 열리면 영적인 능력도 100% 발휘되며 자신은 우주만물과 하나가 되며 우주만물을 마음대로 이용할 수 있게 됩니다.

이것을 동양에서는 자신과 자연은 하나이며 이것이 최고의 깨달음이라 합니다. 루시도 우주만물과 하나가 된 것을 '나는 모든 곳에 존재한다.'라고 표현합니다. 예수님은 이것을 전체이며 하나라 합니다.

또 다른 학자 한 분이 정말 무에서 유가 나올 수 있을까 무척 궁금했나 봅니다.

그는 실험실 한 모퉁이에 완전히 텅 비운 공간을 만든 다음 매일매일 체크했습니다. 어느 날 이 학자는 묘한 사실을 발견했습니다. 텅 빈 그 공간에서 진동을 포착한 것입니다. 바람이 불어야 나뭇잎이 흔들리듯 무언가가 있어야 떨림이 나타날 수 있는데 텅 빈 공간에서 무엇이 진동을 일으킨 것일까요?

중국의 철학자 호란성 씨는 무는 무인데 호흡을 하며 무가 호흡하는 과정에서 소립자가 생겨나고 이 과정에서 생명이라는 존재가 나온다고 말합니다.

도대체 무는 정말 없는 걸까요? 정말 없는 무라면 그것은 비존재입니다. 존재하지 않는 것은 아무 문제도, 갈등도, 다툼도 일으키지 않습니다. 존재하기 때문에 문제가 발생하고, 갈등이 생기고, 다툼이 나타납니다.

정말 없는 무라면 우리는 이야기할 필요도 없습니다. 정말 없는 것은 우리와 아무 상관이 없기 때문입니다. 정말 없는 무가 아니라 분명히 있으나 우리 인간의 인식 너머에 있고 인간의 의식으로는 알아챌 수 없는 그 무엇을 저는 무라고 표현합니다. 이 무가 곧 불성인 성령의 또 다른 표현입니다.

4. 생각

지혜가 움직일 때 제일 먼저 나타나는 것이 생각입니다. 이 생각을 바탕으로 암기력, 이해력, 체계력, 순발력, 분석력, 판단력, 통찰력, 기억력, 적응력 등이 생겨납니다.

예수님은 이 생각을 때로는 사상, 혹은 사념으로 설명하며 생각과 유사한 표현들을 정리하면 아래와 같습니다.

사상, 사념, 의식, 지식, 지혜, 지성, 인식, 깨달음, 깨우침, 깨어남

의식이 드러날 때는 생각으로 나타나며 이 생각을 고상하게 표현한 것을 사상 혹은 사념이라 합니다. 생각의 힘은 인식 혹은 지식이 되며 바르게 나타나는 생각을 지성 혹은 지혜라 하며 생각인 의식이 환하게 열려 밝게 드러나는 생각을 깨달음 혹은 깨우침이라 합니다.

어떤 스님 한 분이 자신은 '하루에 딱 세 번만 생각했으면 좋겠다.' 하는 이야기를 듣고는 참 욕심 많은 분이라 여긴 적이 있습니다.

학자 한 분이 일반 사람들이 하루에 얼마나 생각이 많이 바뀌는지 궁금했나 봅니다. 연구를 해본 결과 일반 사람들의 생각이 하루에 약 5만 번 바뀐답니다. 일반 사람은 하루에 약 5만 번이나 생각이 오고는 가고 가고는 오며 오면 또 간다고 합니다.

나고 죽고, 또 나고 또 죽는 과정을 되풀이하는 것을 윤회라 합니다. 사람이 태어나고 죽고, 또 태어나고 또 죽는 과정만 윤회가 아닙니다.

한 숨이 오고 한 숨이 가고 또 한 숨이 오고 또 한 숨이 가는 것도 윤회요, 한 걸음이 오고 한 걸음이 가고 또 한 걸음이 오고 또 한 걸음이 가는 것도 윤회요, 한 생각이 오고 한 생각이 가고 또 한 생각이 오고 또 한 생각이 가는 것 이것도 윤회입니다.

그 학자의 연구 결과에 따르면 우리는 하루에 약 5만 번 윤회하는 것입니다.

여래는 필요에 따라 작용한다.

석가님은 때로는 자기 자신을 '여래'라 말씀하셨습니다.

석가님은 움직일 필요가 있을 때, 말을 해야 할 필요가 있을 때, 설법을 해야 할 필요가 있을 때 그때 생각을 일으켜 움직이고, 말을 하고, 설법을 하며 필요가 없을 때는 생각을 끊어 생각을 일으키지 않습니다.

생각을 일으킬 때 석가님은 상대계에 계시는 것이고, 생각을 일으키지 않을 때 석가님은 절대계에 계시는 것입니다. 상대계와 절대계를 필요에 따라 마음대로 넘나드신 분입니다. 물질계와 정신계를 필요에 따라 선택하십니다.

평범한 일반 사람은 온갖 잡생각으로 하루가 흘러가며 오고 가는 많은 생각으로 순간순간을 보냅니다. 한 생각으로 주의를 집중해 보지만 어느 순간에 또 다른 생각이 파고듭니다. 생각이 통제되지 않습니다. 생각을 통제한다는 것은 많은 수행과 공부가 필요합니다.

성철스님의 일화입니다.

성철스님이 하루는 예불을 끝내고 법당 문을 열고 밖을 나오니 못 보던 스님이 있었습니다. 무언가 와 닿는 것이 있었는가 봅니다.

"너의 죽은 시체를 누가 끌고 왔느냐?"

그 스님은 답을 하지 못했고 그 길로 암자에 틀어박혀 정진을 했습니다. 그로부터 며칠이 지났고 성철스님은 예전처럼 예불을 마치고 법당 문을 열고 밖을 보니 예전의 그 스님이 와 있는 것을 알았습니다.

"죽은 시체를 끌고 다니는 놈은 어디 있느뇨?"

그 물음에 그 스님은 주먹을 움켜쥐고는 오른팔을 쭉 뻗었습니다.

"주먹으로 하지 말고 말로 하거라."

다시 그 스님은 왼쪽 주먹을 움켜쥐고는 왼팔을 쭉 뻗었습니다.

"어허! 주먹으로 말고 말로 하래도."

그 스님이 주저앉아 곡소리를 냅니다.

"아이고! 아이고!"

성철스님은 고개를 끄덕이고는 우물가로 가서 물 한 동이 들고는 법당으로 다시 들어갑니다. 법당 안에는 성철스님의 제자들이 더러는 경전을 읽고. 더러는 참선을 하고, 더러는 염불을 읊고 있었습니다. 성철스님은 제자들에게 양동이의 물을 끼얹으면서 이렇게 고함을 지릅니다.

"야, 이 밥 도둑놈들아!"

성철스님의 별난 일화는 참 많습니다. 사람들은 성철스님을 해인사의 호랑이라 불렀습니다.

성철스님의 생신 무렵이었습니다. 뜻 있는 보살 분들이 모여 "어찌 큰 스님의 생신을 그냥 보낼 수 있느냐?" 하면서 생신상을 차려주기로 하고 음식을 준비했습니다.

성철스님이 부엌을 지나다가 여러 보살들의 웃음소리를 듣고는 문을 열고 들어왔습니다.

"무엇을 하고 있는고?"

성철스님의 물음에 아무 뜻 없이 한 보살 분이 "내일 큰스님의 생신이라 음식을 만들고 있습니다."라고 했습니다. 그 말을 들은 스님은 인상을 찌푸리면서 밖으로 나가 흙 한 삽을 떠와 음식에 흙을 뿌리고는 조용히 뒤돌아 갔습니다.

5. 존재계

있는 것들, 즉 존재가 머물고 있는 곳을 존재계라 하며 우주, 만물, 자연, 환경, 세상, 세계 등으로 표현됩니다.

석가님은 모든 존재를 오온인 다섯 가지로 분류합니다.

오온五蘊: 색色, 수受, 상想, 행行, 식識

색은 물질적 존재로 볼 수 있는 것, 들을 수 있는 것, 냄새 맡을 수 있는 것, 맛볼 수 있는 것, 만져 볼 수 있는 것들은 모두 포함됩니다. 즉 우주만물입니다.

수, 상, 행, 식은 비물질적 존재입니다. 수는 받아들인다는 뜻으로 눈은 보는 것을 받아들입니다. '봄' 그 자체를 말하고, 귀는 듣는 것을 받아들입니다. '들음' 그 자체를 말하고, 코는 '냄새 맡음', 혀는 '맛봄', 몸은 '촉감'을 받아들입니다. 우리는 이것을 느낌이라 하며 이 다섯 가지를 오감이라 말합니다. 이같이 '받아들임' 그 자체를 '수'라고 표현하였습니다.

상은 생각입니다. 행은 움직임 그 자체로 '걸음', '헤엄침', '낢', '뛰어다님' 등을 뜻하며 식은 알음알이로 지식이라 생각하면 됩니다.

자세히 살펴보면 수, 상, 행, 식은 마음이 작용하는 방식입니다.

이와 달리 저는 존재계를 세 가지 관점으로 이야기하고자 합니다.

첫째, 물질이냐, 물질이 아니냐에 따라 물질이면 물질계로, 물질이 아니면 정신계로 구분하겠습니다.

우리가 바라보는 이 우주만물은 물질계이고, 정신계를 대표하는 것이 마음입니다. 마음은 보이지도 않고, 들을 수도 없고, 냄새 맡을 수도 없고, 맛볼 수도 없고, 만질 수도 없습니다.

둘째, 측량이 되는가에 따라 유한계와 무한계로 구분할 수 있습니다.

유한계는 무게, 길이, 넓이, 부피 등으로 잴 수 있으며 우리가 살고 있는 이 우주만물이 그러합니다. 무한계는 무게, 넓이, 길이, 부피 등으로 측량할 수 없는 세계로 대표적인 것이 마음입니다. 마음은 길이로 잴 수도 없고 무게를 측량할 수도 없습니다.

셋째, 대상을 구분할 수 있느냐에 따라 절대계와 상대계로 구분할 수 있습니다.

나무, 꽃, 하늘, 땅, 물, 불 등과 같이 대상을 구분할 수 있으면 상대계요, 대상이 구분되지 않으면 절대계입니다.

수박씨가 있습니다. 밭에 심으면 수박씨는 뿌리를 내리고, 줄기를 뻗고, 가지를 치고, 수박꽃망울을 터뜨려 수박이 됩니다.

수박씨를 한번 쪼개봅시다. 거기 어디에서 수박뿌리를 찾을 수 있으며, 거기 어디에서 수박줄기를 찾을 수 있으며, 거기 어디에서 수박가지를 찾을 수 있습니까? 수박씨에는 수박에 관련된 모든 것이 들어있으나 수박에 대한 아무것도 찾을 수 없습니다. 수박씨 안에서는 뿌리도, 줄기도, 가지도 아무것도 찾을 수 없으나 수박씨 안에서 뿌리도 나오고, 줄기도 나오고, 가지도 나옵니다.

모든 원인이 포함되어 있으나 아무 원인도 찾을 수 없는 세계를 절대계라 합니다. 절대계를 씨 없는 수박씨라고나 할까요. 모든 것을 나오게 하고, 모든 것을 만들어내지만 자기 자신 안에는 아무것도 없는 세계, 이 세계를 절대계라 하며 대표적인 것이 마음입니다.

사실 물질계나 유한계나 상대계는 우리가 발로 밟고 있는 이 세계를 말하고, 정신계나 무한계나 절대계는 우리 마음입니다.

다시 한 번 강조하겠습니다.

마음은 불성이요, 성령이요, 적멸자리요, 사랑 그 자체입니다.

사랑덩어리인 성령은 자신의 사랑을 드러내고, 표현하고 싶었습니다. 사랑을 드러내기 위해서는 사랑을 드러낼 장소가 필요했고 모든 장소를 포함하나 아무 장소도 없는 무한계인 성령은 여기라는 장소와 저기라는 장소가 나타날 수 있게끔 자신의 한 모퉁이를 유한하게 만들었습니다.

사랑을 드러낼 장소가 정해진 후 성령은 사랑을 드러낼 과정이 필요했습니다. 모든 시간을 포함하나 아무 시간이 없는 절대계인 성령은 과거, 현재, 미래라는 시간의 틀을 유한계 위에 올려놓았습니다.

그리고 사랑의 대상인 물질을 만들어, 온 지혜를 동원하여 믿음으로 온 힘을 쏟아 만든 세계가 곧 유한계요, 물질계요, 상대계입니다. 바로 우리가 존재하는 이 세계입니다.

서양의 우주관은 우주 안에 인간이 있고 인간 안에 마음이 있습니다. 그러나 동양의 우주관은 인간 밖에 우주가 있고 우주 밖에 마음이 있습니다. 마음이 우주를 에워싸고 있습니다. 어느 것이 옳다고 생각하십니까?

마음이 얼마나 방대한지 자신의 마음을 한번 들여다보십시오. 마음에 온 우주를 집어넣어도 마음은 여전히 우리가 상상할 수 없을 만큼 많은 빈 여지를 갖고 있습니다.

화두입니다.
하나, "스승님! 도가 무엇입니까?"
"저 뜰 앞의 잣나무이니라."
둘, "스승님! 도가 무엇입니까?"
"담장 밖에 있느니라."
참고로 담장 밖에는 골목길이 있습니다.
"스승님! 그러한 도가 아니라 대도를 이야기합니다."
"음, 대도(큰길)에는 수레와 우마가 다닌다."

요즘 말로 하면 큰길에는 화물차와 승용차가 다니지요.
도가 있으면 도의 드러남이 있고, 불성이 있으면 불성의 드러남이 있고, 성령이 있으면 성령의 드러남이 있고, 자성이 있으면 자성의 드러남이 있고, 마음이 있으면 마음의 드러남이 있습니다.
드러나게 하는 원인과 드러난 결과를 하나로 보느냐, 따로 보느냐 하는 것은 그냥 선택의 문제일 뿐 본질적인 문제는 아닙니다.
뜰 앞의 잣나무도 도가 드러난 상태입니다. 잣나무가 드러나기 전의 상태는 원인인 '도가 있기 때문입니다. 드러남 없이 존재할 수 있는 것은 아무것도 없고, 드러나게끔 해 주는 원인 없이 드러날 수 있는 것은 아무것도 없습니다. 드러난 결과를 자세히 살펴보면 드러나게끔 하는 원인을 볼 수 있습니다. 우주만물은 불성인 도가 드러난 상태인 것입니다.

부분에 치우치지 마십시오. 부분은 전체를 보기 위한 한 방편입니다.

부처님이 한 제자와 함께 해변을 산책하고 있을 때 제자가 부처님에게 묻습니다.

"스승님! 스승님의 알음알이는 도대체 어느 정도입니까?"

부처님은 몸을 숙이고는 모래를 한 움큼 집어 들면서 말했습니다.

"저 많고 많은 백사장의 모래를 보아라! 저 많은 모래알 중에서 내 알음알이는 모래알 세 개나 될까?"

이 내용을 접했을 때 저는 무척 슬펐습니다.

모래를 부수면 가루가 될 겁니다. 제 알음알이는 가루 세 개는 될까요?

6. 마음은 선악이 없다

『능엄경』에 있는 부처님 말씀입니다.

마음은 선악이 없으나 능히 선하고 악하다.

동양의 공부는 논리를 알되 논리를 뛰어넘어야 알 수 있습니다. 이 말씀을 논리로 풀 수 있을까요?

1987년 성철스님의 법어 말씀입니다.

사탄이여! 어서 오십시오! 나는 당신을 존경하며 예배합니다. 당신은 본래로 거룩한 부처님입니다. 사탄과 부처란 허망한 거짓 이름일 뿐 본모습은 추호도 다름이 없습니다. 사람들은 당신을 미워하고 싫어하지만 그것은 당신을 모르기 때문입니다. 당신을 부처인 줄 알 때에 착한 생각, 악한 생각, 미운 마음, 고운 마음 모두 사라지고 거룩한 부처의 모습만 뚜렷이 보게 됩니다.

씨를 뿌리기 전까지 밭 자체에는 흙 이외에는 아무것도 없습니다. 그저 흙만 있는 빈 밭입니다.

씨는 누가 뿌립니까? 농부와 자연입니다. 농부가 오이씨를 뿌리면 밭은 그저 씨앗을 품어 오이를 만들고, 자연이 잡초씨를 뿌리면 밭은 그저 씨앗을 품어 잡초를 냅니다.

밭은 오이씨와 잡초씨를 가리지 않습니다. 차별하지 않습니다. 그저 사랑으로 지극정성으로 감싸 안아 오이를 만들고 잡초가 자라게 할 뿐입니다. 흙은 차별을 일으키지 않아 무심이며 쉬는 것 없이 오로지 지극정성입니다.

마음 자체에는 선도 없고 악도 없으며 부처도 없고 사탄도 없으며 깨끗함도 없고 더러움도 없으며 생겨남도 없고 사라짐도 없습니다. 늘어나는 것도 없고 줄어드는 것도 없습니다. 마음은 모든 것을 포함하나 아무것도 찾을 수 없으며 모든 씨앗을 품고 있으나 어떠한 씨앗도 찾을 수 없습니다.

마음은 절대계 그 자체입니다.

마음이 드러날 때 맨 먼저 생각이 나타나고 이 생각이 올바르면 선으로, 부처로 드러나고 이 생각이 올바르지 않으면 악으로, 사탄으로 나타납니다. 생각이 나오기 이전까지는 선도, 악도, 부처도, 사탄도 없습니다.

애착이 생기면, 사랑이 움직이면 사랑은 맨 먼저 생각을 깨웁니다. 생각 이전의 사랑은 절대계이나 한 생각이 일어나면 상대계로 드러나며 드러나기 전의 사랑은 모든 것의 원인이며 무심이며 드러날 때 비로소 지극정성으로 작용을 합니다.

당신의 올바른 마음 하나로 온 우주가 기쁨으로 노래를 하고 춤을 춥니다. 당신의 올바르지 않는 마음 하나로 온 우주가 슬픔으로 가슴 아파합니다.

선에 대한 불변의 법칙은 없습니다. 선과 악은 모두 상황에 따라 결정되는 것입니다.

너희 생각으로부터 너의 현실이 드러난다. 너희 발상으로부터 너의 미래가 나타난다.

—『성약성서』

대주스님이 마조대사를 찾아가 뵈었습니다. 마조대사가 묻습니다.

"무슨 일로 예까지 왔는가?"

"불법을 구하고자 왔습니다."

"자기 집의 보물창고는 돌보지 않고 내팽겨둔 채 무슨 일을 하겠단 것인가? 이곳에는 아무것도 없는데 무슨 불법을 찾을 수 있는가?"

"어떠한 것이 제 보물창고입니까?"

"지금 묻고 있는 그대가 바로 보물창고이다. 그대 안에 이미 모든 것이 완벽하게 갖추어져 있는데, 왜 바깥에서 구하려 하는가?"

바깥의 보물—보물이 아니라 물건이지만—은 필요에 의해 잠시 사용할 뿐이요, 언젠가는 돌려줘야 하고 내려놓아야 합니다.

그러나 당신 안의 보물은 마르지도, 녹슬지도 않고, 잃어버릴 수도, 빼앗길 수도 없습니다.

7. 부처는 큰 도적이다

많이 망설였습니다. 제가 가장 존경하는 부처님에게 누가 되지 않을까? 혹시 부처님을 비방하는 것은 아닐까?

이황 선생님은 "하늘은 완전하기 때문에 공경해야 하고 인간은 불완전하기 때문에 성실해야 한다."고 말씀하셨습니다. 과연 완전한 인간은 없는 것일까요?

그렇다면 인류 역사에 있어서 가장 완전에 가깝다고 말할 수 있는 분은 누구일까요? 저는 부처님과 예수님이라고 생각했습니다.

성철스님의 말씀을 저는 참 좋아했습니다. 물론 모든 말씀을 다 이해한 것은 아닙니다. 가끔씩 인터넷을 뒤져 성철스님의 말씀을 찾아 읽어보곤 했습니다.

그런데 두 가지 부분에 대해서만큼은 충격을 느꼈고 의아했습니다. 왜 이런 말씀을 하셨는지 이해가 되지 않았습니다.

> 부처는 큰 도적이요, 달마는 작은 도둑이다. 동천東天을 속이고 서토西土를 기만하였도다.

> 필아! 내가 잘못했는데⋯.

불필스님에 대해서 잠깐 짚고 넘어가야 하겠습니다.

성철스님은 29세에 출가를 하시었고 그때 성철스님의 부인은 임신

한 상태였습니다. 부인은 딸을 순산하시었고 성철스님은 불필요한 아이가 태어났다 하여 불필이라 이름 지으셨습니다. 곧이어 부인도 출가하고 따님이신 불필스님도 비구니가 되었습니다.

2015년 사월 초파일 하루 전 토요일이었습니다. 큰 절에서는 이삼 일 전부터 손님맞이 음식을 준비하지만 조그만 절이나 암자는 하루 전에 준비를 합니다.

잘 아는 스님이 보살님과 같이 야채를 사러 오셨고 저는 물건을 챙겨 주었습니다. 보살님은 다른 물건을 사기 위해 시장 안으로 들어가셨고 스님과 저 둘만 남게 되었습니다. 그때 저는 스님께 이렇게 이야기했습니다.

"스님! 세상에는 어둠이 있으면 빛이 있고 빛이 있으면 어둠이 있는데 왜! 부처님은 어둠에 대해서는 그렇게 많은 말씀을 하셨으면서 빛에 대해서는 언급하신 바가 없습니까?

세상은 괴로움의 바다요, 세상살이는 덧없으며 뜬구름이라 하시었습니다.

그러나 그 덧없음으로 바람이 불고 물이 흐르며 꽃향기가 피어납니다. 그 덧없음으로 고기가 헤엄치고 새가 노래를 하고 개가 뛰어다닙니다. 그 덧없음으로 아이들은 소꿉놀이를 하고 엄마는 사랑하는 가족을 위해 음식을 만들고 남자는 사랑하는 가족의 생활을 위해 비지땀을 쏟고 아이들은 장래의 목표를 위해 공부에 전념을 다합니다. 그 덧없음으로 연인들은 사랑을 나누고 농부는 가을철의 수확을 위해 온 정성을 다합니다.

물론 모든 것이 뜻대로 되는 것은 아닙니다. 힘들 때도 있고 고달

플 때도 있으며 슬픔도 외로움도 안타까움도 미련도 후회도, 아픔도, 분노도 생깁니다.

하지만 사랑하는 아이를 키우면서 기쁨도, 보람도, 재미도 느낍니다. 사랑하는 친구들과 수다를 떨면서 우정을 키워 갑니다. 사랑하는 연인을 만나 사랑의 설렘과 짜릿함과 사랑의 감동을 맛봅니다.

성철스님은 딸을 비구니로 만듦으로써 딸이 친구들과 사랑을 주고받으며 우정을 키울 수 있는 기회를 빼앗았고 연인을 만나 달콤하고 행복한 사랑을 느낄 기회를 주지 못했고 자식을 낳아 자식을 키우면서 사랑의 감동과 보람과 흐뭇함을 경험할 수 있는 기회를 빼앗은 것과 다름없습니다.

스님! 세상살이는 괴로움만 있는 것도 아니요, 덧없음만 있는 것도 아닙니다. 어둠이 있으면 빛도 있듯이 기쁨이 있고 즐거움도 있습니다."

그러자 스님이 나더러 공부 좀 그만하라 그럽디다.

지금도 궁금합니다. 왜 부처님께서 빛에 대해 언급을 하시지 않았는지, 아니면 언급을 하시었는데 제가 찾지 못한 것은 아닌지….

경봉스님이 입적하실 때의 이야기입니다.

제자인 명정스님이 여쭈었습니다.

"스승님! 가시고 나면 스님의 모습을 어떻게 뵙겠습니까?"

잠시 침묵이 흐른 후 큰 스님이 입을 열었습니다.

"야반삼경에 대문 빗장을 만져 보거라."

8. 신

　부처님은 신에 대해 언급하는 것을 무척이나 싫어하셨습니다. 항상 자기 자신의 문제에 대해 주의를 집중하라 하시었습니다.

　한 제자가 공자님에게 신에 대해 질문을 했을 때 공자님은 이렇게 답을 하십니다.

> 신은 그저 멀리서 경외敬畏하면 되니 삶에 대해 고민하고 네 문제에 대해 신경을 쓰거라.

　신이 있다고 증명할 길도 없고 신이 없다고 증명할 방법도 없습니다. 신이 있다고 믿으면 있는 것이요, 신이 있다고 생각하면 있는 것입니다. 신이 없다고 믿으면 없는 것이요, 신이 없다고 생각하면 없는 것입니다.

　이 넓고 넓은 우주에 설마 신이 없을까요? 저는 있다고는 생각합니다. 단지 신은 지금 우리와 아무 상관이 없습니다. 신도 어디선가 자신의 문제에 대해 고민하고 있을지 모릅니다. 자신의 문제와 걱정거리는 신 스스로 풀어나갈 것입니다. 우리는 우리의 문제와 걱정거리를 풀어나가면 됩니다.

　신이 우리의 문제를 풀어주고 걱정을 해결해 주면 우리도 신에 대해 진지하게 생각해 봐야 하나 제 생각에는 그럴 리는 없다고 봅니다.

　물론 신이 이것을 해 달라, 왜 저것을 안 해 주느냐고 투정을 부리면 그때 고민하십시오. 무엇을 원하는지도 모르고 무엇을 해달라고 요구한 적도 없는데 우리가 무엇을 해 줄 수 있습니까?

> 창조는 신 위에 존재하시니 신 또한 창조의 법칙들을 충실하게 따르며 존중하십니다.
> 따라서 창조가 전능한 만큼 신께서 전능한 것은 아닙니다. 사람들이 신을 전능한 창조라고 믿을 때 사람들은 창조의 진리에 대해 제대로 알지 못하게 됩니다.
> 왜냐하면 신 또한 우리와 마찬가지로 인간이기 때문입니다.
> 그러나 신과 우리 인간과는 커다란 차이점이 있으니 그것은 신은 의식과 지혜 그리고 논리와 사랑에 있어서 우리보다도 또 지구상의 모든 사람들 보다도 수천 배나 위대하다는 것입니다. 그렇지만 신이 곧 창조는 아닙니다. 창조는 무한하며 형태가 없습니다.
> 내가 진실로 그대에게 말합니다. 이생에서 영적 지식의 힘을 맛보지 못한 사람이 몇 있습니다. 그들은 그것을 다음 생에서 배우게 될 것입니다.
>
> — 『탈무드 임마누엘』

예수님은 신도 인간이라 하십니다. 단지 인간보다는 영적으로 훨씬 더 뛰어난 존재이며 의식과 지혜 그리고 논리와 사랑에 있어서 우리 인간들보다 수천 배나 뛰어난 존재일 뿐입니다. 『성약성서』에는 성령 다음 하위의 칠성령을 신이라 하며 인간은 인간보다 영적으로 뛰어난 이 존재를 인격화하여 의인화하여 신이라 불렀습니다.

신에 대해서 너무 깊게 생각하지 마십시오. 당신 문제가 훨씬 더 시급하고 훨씬 더 중요합니다. 당신이 지금 당장 해야 할 일에 대해서 정열을 쏟으십시오. 당신과 신은 아무 상관이 없습니다.

부처님은 매일 제자들과 함께 마을에 들러 탁발을 다니셨습니다. 탁발이 끝나면 마을 한 모퉁이에 자리를 잡고 마을 사람들에게 가르침을 베풀었습니다.

이 소식을 들은 부처님의 아버지이자 왕은 자식이 빌어먹고 있다고 생각을 하시었습니다.

"빌어먹고 살지 말고 차라리 나한테 달라고 해라."

"아버님! 우리는 모두 빌어먹고 사는 존재입니다. 따사로운 햇빛도 빌어먹고, 상쾌한 바람도 빌어먹고, 졸졸 흐르는 맑은 시냇물도 빌어먹고 있습니다."

9. 일면불日面佛, 월면불月面佛

생각을 끊는다는 것은 쉬운 일이 아닙니다. 이 생각이 끊어진 자리에서 불성이 환하게 드러납니다.

스님들이 참선을 할 때 화두를 드는 이유는 오고 가는 숱한 생각을 일단 화두 하나로 집중시켜 다른 잡생각이 나타나지 않게끔 한다음 이 화두마저 끊어 버리기 위해서입니다. 이 공부에 힘이 생기고 자리가 잡히면 비로소 불성이 또렷이 드러납니다.

스님에게 화두를 풀어 달라 하면 스님들은 그냥 웃을 뿐입니다. 원래 화두는 풀어주는 것이 아닙니다. 화두를 풀어주면 그것은 자기 자신의 공부가 아니라 남의 공부입니다. 자기 자신의 공부를 하라, 그 이야기입니다.

그러나 이 화두는 참으로 중요하고 아름답습니다.

큰 스님이 몸이 아프셨습니다.
제자가 문병을 갔습니다.
"스승님! 몸은 어떠하십니까?"
"일면불, 월면불이다."

일면불은 해 얼굴 부처님으로 장수하신 부처님을 이야기하고, 월면불은 달 얼굴 부처님으로 단명하신 부처님을 의미합니다.

그러나 이 화두는 문제가 있습니다. 단명하든 장수하든 죽은 것은 마찬가지이고 죽었다 함은 윤회에서 벗어나지 못했다는 말이며 해탈하지 못했다는 말입니다. 해탈하지 못한 사람을 어찌 부처라 할 수 있습니까?

그러나 여기에서 이야기하고자 하는 뜻은 다른 데 있으니 그리 알고 넘어가겠습니다.

『반야심경』에는 '조견照見 오온五蘊 개공皆空 도일체고애渡一切苦碍 사리자'라는 구절이 나옵니다. "모든 존재를 자세히 살펴 꿰뚫어 보니 모든 존재가 텅 비었음을 알게 되었고, 그로 모든 장애와 괴로움을 뛰어넘었다."는 것입니다.

"스승님 몸은 어떠하십니까?" 하고 제자가 물었을 때 "월면불, 일면불."이라 답하신 이유입니다.

"아픔이란 장애와 괴로움을 뛰어넘지 못하면 어찌 깨달은 사람이라 할 수 있느냐?"

"어찌 부처에게 아픔 있음이 있겠느냐?"

그러나 제자는 '월면불, 일면불이다.'라는 스승님의 이 말씀에 답을 못했습니다.

저의 답은 이러합니다.

'어찌 부처에게 아픔 없음이 있겠습니까?'

중생은 모두 아픕니다. 아프지 않은 중생이 있을까요?

자식문제로 아파하고, 직장문제로 아파하고, 부모문제로 아파하고, 동료문제로 아파하고, 성적문제로 아파하고, 친구문제로 아파하고, 연인문제로 아파하고…. 중생의 아픔은 끝이 없는 것 같습니다.

그러나 중생의 아픔은 모두 다 자기 자신의 욕심으로 인한 아픔입니다.

부처도 아픔이 있습니다.

부처의 아픔은 어리석은 중생이 욕심이라는 망상에 집착함으로써 본래의 자기 자신의 참모습을 보지 못하고 실상을 놓치고 허상을 쫓아다니는 데 대한 안타까움으로 인한 아픔입니다. 부처의 아픔은 중생에 대한 자비심으로 인한 아픔입니다.

부처님과 예수님이 이 세상에 오신 가장 큰 뜻은 무엇일까요? 가장 큰 뜻은 부처님은 중생구제요, 예수님은 인간구원이라 생각합니다.

스승님이 입적할 무렵입니다.

제자가 묻습니다.

"스승님, 이제 어디로 가시렵니까?"

"지옥으로 갈란다."

"아니 스승님은 많은 선행을 베푸셨고 남에게 싫은 소리 한 번 한 적 없는데 어찌 지옥에 가신단 말입니까?"

"그곳에 부처님이 계신데 제자인 내가 안가면 누가 가겠는가."

지금 부처님과 예수님은 어디 계실까요?

저는 두 분 다 지옥에 계신다고 생각합니다.

천당은 이미 구원된 인간이 가는 곳이요, 극락은 이미 구제된 중생이 있는 곳입니다. 거기서 예수님과 부처님이 무슨 일을 할 수 있겠습니까? 무슨 할 일이 있겠습니까?

지옥에는 구원받지 못한 인간과 구제되지 않은 중생들로 가득합니다. 인간에 대한 사랑으로 충만한 예수님과 중생에 대한 자비로 가득한 부처님이 어찌 지옥을 외면할 수 있겠습니까?

10. 불립문자^{不立文字}

팔만대장경은 정확히 8만 1,352판입니다. 부처님의 모든 말씀을 체계적으로 총정리한 것으로 삼장, 즉 경장, 율장, 논장으로 구성되어 있습니다.

경장은 부처님 말씀 그 자체로 보태지도, 빼지도, 고치지도 못합니다. 첫 구절은 항시 여시아문^{如是我聞}으로 시작합니다.

"저는 부처님의 말씀을 이와 같이 들었습니다. 부처님이 설령 '아'라고 말씀하셨더라도 제 귀에는 분명 '어'로 들렸기에 저는 '어'로 기록합니다. 제가 잘못 들었을 수도 있지만 어이 합니까? 제 귀에는 분명 '어'로 들렸습니다. 그래서 저는 '어'로 적습니다."

이와 같이 깊은 뜻을 품고 있습니다.

마지막 구절은 항상 환희봉행^{歡喜奉行}으로 끝납니다.

"부처님의 설법을 다 듣고 나니 너무나 감격스러워 부처님에게 최고의 예를 올렸다."

율장은 불가에서 지켜야 할 계율, 규범, 태도, 마음가짐 등을 정해 놓은 것입니다.

논장은 경장과 율장에 대한 이해를 돕기 위해 알기 쉽게 풀어놓은 해설서이며, 주요 개념들을 정리해 놓은 주석서입니다.

이 팔만대장경 안에는 부처님 말씀의 약 90%가 담겨져 있다고 합니다.

『금강경』을 보면 부처님은 '부처가 법을 설하였다고 말하는 사람은 부처를 비방하는 자'라고 합니다.

또 불가에서는 경전을 배에 비유합니다.

배는 강을 건너기 위한 수단입니다. 강을 건넜다고 해서 목적지에 도착한 것은 아닙니다. 강나루를 건너고 큰길을 지나 골목길 안에 들어서야만 집이라는 목적지에 도달할 수 있습니다. 배에 미련이 남아서, 배가 아까워서 배에서 서성대면 강나루는 언제 건널 것이며 큰길은 또 언제 지나 집에 도착할 수 있겠습니까?

이런 말씀도 하셨습니다.

> 당나귀를 물가로 인도할 수는 있으나 물을 먹는 것은 당나귀 몫이다.

경전, 문자, 말로써는 뜻을 이룰 수 없습니다. 경전, 문자, 말은 일종의 안내서입니다. 등산할 때 등산로에 대한 지도가 필요하듯이 불법이라는 정상에 오르기 쉽게끔 길을 표시해 놓은 지도이자 안내서가 경전이며 문자입니다. 지도를 보고 있다고, 지도를 갖고 있다고 하여 정상에 도달한 것은 아닙니다. 지도를 자세히 살펴 한발 한발 걸음을 옮겨야만 정상에 오를 수 있는 것입니다.

당나귀를 물가로 데려갈 수는 있으나 물은 당나귀 그 자신이 먹어야 하듯이 경전, 문자, 말은 법의 물가로 우리를 인도할 수는 있으나 법의 물은 우리 자신이 마셔야 합니다.

부처는 법을 설할 수가 없습니다. 다만 법에 대한 안내서를 우리한테 남겼을 뿐입니다. 법의 물가에 도달하여 법의 물을 마시면 경전과 문자와 말은 우리한테 그저 거추장스러운 쓰레기일 뿐입니다.

11. 가르침과 배움

부처님은 보시에 대해 세 가지로 이야기하십니다.

첫째, 재시입니다. 목마른 사람에게 물을 베풀고, 아픈 사람에게 약을 베풀고, 배가 고픈 사람에게 밥을 베풀고, 추위에 떠는 사람에게 옷을 베풀고…. 이와 같이 이웃에게 물질을 베푸는 것을 재시라 합니다.

둘째, 법시입니다. 올바르게 사는 법을 가르쳐 주는 정신적인 베풂으로 알고자 하는 바를 정성스럽게 가르쳐 주는 베풂입니다.

셋째, 무외시입니다. 두려움을 없애 주고 불안을 제거해 주는 베풂입니다.

> 영혼이 두려워하는 것은 무엇인가? 공포는 인간을 죽음으로 태우고 가는 꽃수레이다.
>
> 두 마리의 건강한 당나귀가 인간의 의지를 묶어놓고 있습니다. 그들의 이름은 공포와 불신입니다. 이것을 잡아서 내던지면 인간의 의지는 한계가 없다는 것을 알게 됩니다. 그때는 인간이 말만 해도 대자연이 응하여 그대로 실행합니다.
>
> ─『성약성서』

인간이 가장 두려워하는 것은 죽음과 앞날에 대한 불안일 것입니다. 죽음은 당신이 원하든 원하지 않든 피할 수 없는 인간의 숙명이며 삶에 대한 애착과 집착이 아무리 강해도 때가 되면 삶을 내려놓고 죽음이란 존재를 받아들여야 합니다. 앞날을 아는 것은 인간에게 허락되지 않았으며 인간의 영역 밖에 있습니다. 오지 않은 앞날에 불안을 가져도 앞날은 그렇게 올 것이며 오지 않은 앞날에 불안을 떨쳐내도 앞날은 그렇게 다가올 것입니다.

오지 않은 앞날은 항상 그러한 방식으로 우리에게 나타날 것이며 우리에게 허락된 영역은 '항상 지금 여기 있음'입니다.

나와 타인은 하나이며 나와 우주만물은 둘이 아니며 나와 성령인 하느님 역시 하나라는 열린 의식을 깨달음이라 합니다. 나와 우주만물, 즉 대자연이 하나가 되면 대자연의 힘은 우리 인간이 원하는 대로 따라옵니다. 나와 대자연이 하나라는 믿음이 모든 기적의 시작이며 두려움과 공포와 불안은 믿음을 약하게 만들고 불신이 되어 하고자 하는 인간의 의지를 꺾어 인간을 나약한 존재로 만듭니다.

죽음과 오지 않은 앞날에 대한 불안을 이용하여 존재하는 집단이 사이비종교입니다. 맹목적인 믿음을 강요하고 인간의 의식을 틀에 가두어 성령인 하느님과 하나인 우리 인간을 분리하여 나와 타인으로 차별하며 우리와 대자연을 분별하여 갈등과 다툼을 만들어 긴장을 일으킵니다.

사람들을 지배하는 어두움 가운데 무지와 지혜의 결여보다 더 큰 어둠은 없습니다.
사람들은 선과 악을 판단하고 사물을 올바르게 이해할 수 있는 능력을 계발해야만 합니다. 그럼으로써 그들은 지혜로워지고 올바르게 되면 법칙을 따를 수 있게 됩니다.
무엇이 실상이고 허상인지, 무엇이 가치가 있는 것이며 무가치한 것인지, 또

한 무엇이 창조로부터 온 것이며 그렇지 않은 것이 무엇인지를 이해하는 것이 반드시 필요합니다.

사람들은 우주적으로 일체가 되어야 합니다. 그렇게 함으로써 그들은 창조와 일체가 될 수 있습니다. 사람의 행복은 진리를 구하고 발견하는 데에 있습니다. 그렇게 함으로써 그는 지식과 지혜를 쌓게 되며 창조와 화합하여 생각하고 활동할 수 있게 되는 것입니다.

―『탈무드 임마누엘』

만일 그대가 무엇을 배워야 하느냐고 나에게 묻는다면 나는 당신 자신에 대해 먼저 배우라고 대답할 것입니다. 그리고 다시 그대들이 스스로에 대해 잘 배운 뒤에 다음에는 무엇을 배워야 하느냐고 나에게 묻는다면 나는 또 다시 당신 자신에 대해 잘 배우라고 대답할 것입니다.

―『성약성서』

석가님은 어리석음을 때로는 무명―밝음이 없다―이라 하였는데 예수님은 어두움으로 말씀하십니다. 인간을 지배하는 가장 큰 어두움은 어리석음인 무지, 곧 지혜의 결핍이며 자기 자신을 알지 못하고 자신과 우주만물이 하나라는 사실을 알지 못하는 것입니다.

조주선사라는 유명한 스님이 있었습니다.

어느 날 한 제자가 찾아와 "스승님, 개가 불성이 있습니까?" 하고 질문하자 스님은 "무."라고 답했습니다.

며칠이 지난 후 또 한 제자가 찾아와 "스승님, 개가 불성이 있습니까?" 하고 묻자 스님은 "유."라고 답했습니다.

스님은 자기 말이 옳다거나 그르다거나 맞거나 틀리거나에 대해서는 관심도 없고 중요하게 여기지 않습니다. 스님의 관심사는 어떻게 하면 사랑하는 제자가 깨달음을 얻을 수 있을까? 거기에 초점이 맞춰져 있습니다.

'내가 본 너의 근기로 봐서는 너는 개가 불성이 없다 하는 것으로 파고들어라.'

'내가 본 너의 근기로 봐서는 너는 개가 불성이 있다 하는 쪽으로 공부를 하거라.'

스승은 무심한 듯 지나치지만 항시 제자들의 말 한마디, 행동 하나, 몸가짐, 태도 등을 주의 깊게 살펴봅니다.

마조대사라는 분이 계셨습니다.

법당에서 예불을 마친 후 일어나서 나오려고 하는데 한 제자가 묻습니다. 그런데 그 질문이 끝나기도 전에 마조대사는 주장자를 들어 그 제자의 머리를 힘껏 내리쳤습니다. 제자는 눈앞에서 번쩍이는 별빛을 보았고 머리에는 혹이 불끈 솟았습니다.

제자가 다시 질문하자 마조대사는 다시 한 번 주장자로 제자의 머리를 후려쳤습니다. 제자는 또다시 물었고 마조대사는 또다시 주장자로 제자의 머리를 후려쳤습니다. 이렇게 제자는 예순 일곱 번을 물었고 마조대사는 예순 일곱 번을 후려쳤습니다.

침묵이 흘렀고 제자는 일어나 스승에게 눈물을 흘리면서 절을 올립니다.

"사랑하는 제자를 위해 예순 일곱 번을 후려칠 만큼 자비로운 스승님을 만난다면 어느 누가 깨달음에 이르지 못하겠습니까!"

불가의 가르침은 참 유별납니다.

스승은 항시 사랑하는 제자들에 주의집중을 기울입니다.

때가 무르익었다고 생각될 때, 제자들이 이제 공부에 힘이 붙었다고 느껴질 때, 이제 되었다고 판단될 때, 스승은 온 힘을 쏟아 제자를 밀어붙입니다.

'안으로는 네가 파고들어라. 밖에서는 내가 밀어붙이마. 안으로 안으로 좀 더 파고들어라. 밖은 걱정하지 말고 안으로, 안으로… 조금 더, 조금 더….'

가르침이란 지식을 전달하는 것이 아닙니다. 지식을 얻는 기술을 전하는 것이 아닙니다.

가르침은 알고자 하는 바가 무엇이고 어떻게 해야 알고자 하는 바를 찾아갈 수 있으며 알고자 하는 바를 얻을 수 있는 힘은 어떻게 익히는가에 대한 올바른 길을 가르쳐 주는 것입니다.

이것을 석가님은 가장 큰 보시 중의 하나로 법시라 하였습니다.

소크라테스가 청년을 선동했다는 죄목으로 독살형을 선고 받았습니다. 형이 집행되는 날이 다가왔고 그의 마지막 가는 모습을 지켜보고자 제자들이 감옥으로 하나둘 모여들었습니다.

그런데 소크라테스는 뒷짐을 하고는 이쪽에서 저쪽으로 저쪽에서 이쪽으로 왔다 갔다 하는데 죽음을 두려워하는 표정이 아니라 조금 흥분된 듯 상기되어 있었습니다.

"가서 독약이 다 만들어졌는지 알아보고 오거라."

그의 말에 한 제자가 갔다 와서는 "선생님! 아직 만들고 있습니다." 했습니다. 그에 소크라테스는 "그래, 아직 덜 되었다 말이지." 하고는 다시 이쪽 구석에서 저쪽 구석으로 왔다가는 가고 갔다가는 오는데 그것이 꼭 기대에 들뜬 표정이었습니다.

보다 못한 제자 하나가 말했습니다.

"선생님! 이제 선생님은 독약을 드시고 죽음을 맞이하게 되는데 선생님의 표정은 죽음을 두려워하는 것이 아니라 도리어 기대에 찬 흥분된 모습으로 상기되어 있습니다."

"나는 살면서 알 만큼은 알았고 보고 싶은 만큼은 보았다. 이제 죽음으로부터 배울 차례인데 어찌 흥분이 되지 않겠는가? 독약이 다 만들었는지 가 보거라."

12. 기적

『성서』를 보면 예수님은 많은 기적을 일으킵니다.

물을 포도주로 바꾸고, 문둥병자를 단숨에 치료하고, 빵 다섯 개와 물고기 두 마리로 수많은 사람이 배불리 먹고도 남을 만큼 많은 빵과 물고기를 만들고, 귀신들린 사람에게서 귀신을 쫓아내고, 물위를 걸어 다니고, 죽은 자를 살리기도 합니다.

불가에서는 이러한 기적을 신통력이라 합니다. 율장을 보면 부처님께서 이 신통력에 대해 다음과 같이 경계의 말씀을 하십니다.

> 신통력을 함부로 써먹지 마라. 왜냐하면 이 신통력은 정법이 아니라 사법이기 때문이다. 깊은 수행을 하고 공부에 힘이 생기면 신통력이 저절로 생기나 이 신통력을 함부로 사용하지 마라. 다만 어쩔 수 없는 경우에만 사용하라.

사람은 물 위를 걸을 수 없습니다. 이것이 올바른 섭리입니다. 사람은 물을 포도주로 바꿀 수 없습니다. 이것이 올바른 자연의 이치입니다. 사람은 병든 사람을 단박에 치료할 수 없습니다. 이것은 우주의 원칙을 깨뜨리는 것입니다. 정법을 벗어난 그릇된 법, 곧 사법입니다.

동양에서는 질병이 생기는 원인을 우주자연의 리듬과 내 몸의 리듬이 맞지 않아 우주자연의 기와 내 몸의 기가 어긋남으로 해서 생기는 하나의 현상으로 파악합니다.

따라서 치료란 이 우주의 기와 내 몸의 기를 일치시키는 과정으로

이 과정을 통해 몸은 자연스럽게 면역력과 회복력을 배우고 우주자연의 섭리를 익히게 됩니다. 자연과 멀어졌을 때, 자연에서 벗어났을 때 우리 몸은 항상 이상을 일으킵니다.

자연과 항상 가까이 지내십시오. 그곳에 당신의 건강이 있습니다. 가능한 한 약을 멀리하십시오. 약은 우리 몸의 면역력과 회복력을 약하게 만들고 정상적인 자연 치유력을 부실하게 만듭니다.

> 자연의 법칙은 건강의 법칙입니다. 이 법칙대로 살면 결코 병에 걸리는 일이 없습니다. 이 법칙을 어기는 것은 죄이며 죄를 범하면 병에 걸리는 것입니다.

> 모름지기 자연의 물상은 인간의 요구에 응할 수 있게 되어 있으므로 모두 의료의 비약이 됩니다. 인간의 의지는 최고의 의약이니까 따라서 스스로의 힘으로 병을 고칠 수 있습니다.

—『성약성서』

열두 해 동안 혈루증으로 고생하는 여자가 있었습니다. 여자는 예수님을 한 번만 만나 보면 자신의 그 병이 나을 거라 생각했습니다. 그러나 예수님은 너무나 많은 군중들에 둘러싸여 있었습니다. 여자는 간신히 그 군중들 사이를 뚫고 들어가 예수님의 옷자락을 만졌고 그 순간 자신의 병이 나은 것을 알았습니다.

예수님은 옷을 통하여 자신의 능력이 빠져나간 것을 느꼈고, 자기 옷을 잡은 사람이 누군지 찾아 그 여자의 사연을 들은 후 "여인아! 너의 믿음이 너를 구원하였도다. 평안 속으로 가거라."라고 말씀하십니다.

예수님은 자기 자신이 그 여인을 구원한 것이 아니라 그 여인의 '믿음' 그 자체가 그 여인을 구원한 것이라고 하십니다.

부처님은 신통력에 대해 그렇게 경계의 말씀을 하시었는데도 묘하게도 신통력을 얻을 수 있는 방법에 대해 자세히 설명합니다. 그 첫 번째 조건이 념念입니다. 곧 일심입니다.

예수님은 기적의 조건을 믿음으로 이야기하십니다.

> 너희 안에 겨자씨만 한 믿음만 있으면 저 산을 불러올 수 있다.

믿음은 무엇을 할 수 있다는 한 생각이요, 일심은 무엇을 할 수 있다는 생각을 하나로 집중하는 것입니다. 믿음이 기적을 불러오며 믿음은 모든 행동과 결과를 나타나게끔 하는 동기입니다.

> 그래서 너의 믿음이 너희 행동을 창조하고 너의 행동이 너희 체험을 창조하는 것이다. 결국 너희의 믿음이 가장 중요하다.

> 모든 자연은 사람의 의지에 따르는 것으로 선도 마찬가지로 악인도 모든 마음의 힘을 가지고 있으며 또한 자연력을 제어 할 수 있는 것입니다.
>
> ―『성약성서』

신통력은 부처님 말씀처럼 수행이 깊어지고 공부에 힘이 쌓이면 누구나 할 수 있는 것입니다.

> 인간은 지상 위에 하느님의 뜻을 펼치기 위한 대행자입니다. 그래서 인간이 병자를 고칠 수 있는 것이며 하늘의 영을 제어할 수가 있으며 죽은 자를 일으켜 살릴 수 있는 것입니다.
> 내가 이러한 것들을 행할 수 있는 권능을 가졌다 하여 이상할 것은 없습니다.
> 모든 인간은 이와 같은 일을 할 수 있는 권능을 갖고 있습니다.

그러나 그들은 먼저 낮은 자아의 모든 욕망을 정복해야 합니다. 그들이 하려
고만 한다면 그것들은 정복될 수 있습니다.

—『성약성서』

하늘의 구름을 보십시오. 저 많고 많은 구름 중의 어느 구름은 훗
날 비가 되어 물이 되어 당신과 만날 것입니다. 당신이 지금 마시는
그 물은 그 언제인가는 구름이었습니다. 당신과 지금 마시는 물과의
만남은 인연이라는 기적의 결과입니다.

부처님과 제자들은 마을을 한 바퀴 빙 돌아 탁발을 끝내면 마을
한 모퉁이에 자리를 잡고는 많은 대중들에게 설법을 베풀었습니다.
하소연도 들어주고 문제에 대한 해결책도 제시해 주었습니다.

어느 날 마을의 한 남자는 한나절 밭에서 열심히 일을 끝내고 집
에 들어와 보니 밥상도 차려져 있지 않고 부인도 없어서 몹시 화가
났습니다. 하는 수 없이 기다리고 있는데 한참이 지났는데도 소식이
없습니다.

마을 사람에게 물어보니 부처님의 설법을 들으러 갔다는 말을 듣
고는 화를 참지 못하고 흥분된 상태로 마을 어귀 쪽으로 달려갔습니
다. 마침 부처님은 설법을 끝내고 제자들과 함께 길을 가고 있었고
부처님을 본 그 남자는 다짜고짜 부처님의 뺨을 때렸습니다.

갑작스런 상황에 제자들이 행동을 취하려 하자 부처님은 제지하면
서 그 남자에게 아무 말 없이 합장을 취합니다.

멍해진 그 남자가 어쩔 줄 몰라 하자 "볼 일은 다 보셨는지요. 더
이상 볼 일이 없으면 나는 길을 가야 하겠습니다." 하고 발길을 옮겼

습니다.

집으로 돌아온 남자는 그렇게 훌륭하고 위대하신 부처님에게 무례한 행동을 한 스스로를 자책하면서 뜬눈으로 밤을 샜습니다. 그리고 다음 날 아침 일찍 부처님을 찾아가 무릎을 꿇고 말했습니다.

"부처님! 제가 정신이 나가 큰 무례를 범했나이다. 부디 저를 용서해 주십시오. 이렇게 사과드립니다."

"어제 그 사람은 죽고 없습니다. 나는 새로운 사람입니다. 죽은 사람에게 어떻게 사과를 할 수 있으며 용서를 구할 수 있겠습니까? 그러니 마음 편히 돌아가십시오."

13. 성령의 거듭남

사랑은 우리 본래의 모습이요, 본바탕입니다. 창조의 근원이요, 창조주 그 자체입니다. 그래서 성인들은 사랑에 대해 그렇게 많은 말씀을 하신 것입니다.

사랑의 또 다른 표현이 성령입니다.

단군성조님의 말씀을 한마디로 요약하면 '스스로의 자성을 찾고 널리 인간을 유익하게 하라.'입니다. 부처님의 가르침의 핵심은 '불성을 깨우치고 자비를 베풀어라.'이고, 노자님은 '도를 터득하고 덕을 쌓아라.'이며, 공자님은 '진아眞我를 찾고 인을 행하라.'이고, 예수님의 가르침의 핵심은 '성령으로 거듭나고 네 이웃을 네 몸과 같이 사랑하라.' 입니다.

홍익인간, 자비, 덕, 인, 이웃에 대한 사랑은 모두 이기심을 버리고 인간 본연의 모습인 사랑으로 거듭나라는 것입니다.

자비를 베풀되 자비를 베풀었다는 생각이 일어나면 그것은 진정으로 자비를 베푼 것이 아닙니다. 자비를 베풀되 자비를 베풀었다는 생각이 일어나지 않는 자비, 그것이 진정한 자비입니다. 사랑을 주되 사랑을 주었다는 마음이 나타나지 않는 사랑, 그것이 진정한 사랑입니다.

부처님은 살아가는 것, 그 자체가 괴로움이라 하며 이 괴로움을 없애는 방법을 여덟 가지로 이야기합니다. 이것을 '팔정도'라 합니다.

첫째, 정견입니다. 세상을 편견 없이 있는 그대로 바르게 바라보는 것을 말합니다.

둘째, 정사유입니다. 바르게 생각하는 것으로 이치에 맞게 합리적인 생각을 말합니다.

셋째, 정어입니다. 바르게 말하는 것입니다.

넷째, 정업입니다. 바르게 행동하는 것입니다.

다섯째, 정명입니다. 바르게 생활하는 것입니다.

여섯째, 정진입니다. 바르게 부지런히 노력하는 것입니다.

일곱째, 정념입니다. 바르고 깨끗한 의식을 말합니다.

여덟째, 정정입니다. 바르게 마음을 챙겨 마음을 평정하게 하는 것입니다.

이 팔정도는 각자 따로 작용하는 것이 아닙니다. 서로가 연결되어 있습니다.

바르게 말한다는 것은 바르게 생각하는 데에서 나오고 말이 바르면 행동도 바르게 나타납니다. 바른 생각은 곧 모든 대상을 바르게 사랑하는 데에서 비롯됩니다.

사랑으로 숨을 쉬고, 사랑으로 걸음을 옮기고, 사랑으로 움직이고, 사랑으로 생각하고, 사랑으로 말을 하는 것이 곧 팔정도를 행하는 것입니다.

예수님은 성령의 거듭남이 없이는 하늘나라에 갈 수 없다고 말씀하시며 이 성령은 아홉 가지로 열매를 맺는다 하십니다. 사랑과 희락과 화평과 오래 참음과 자비와 양선과 충성과 온유와 절제입니다.

사랑은 성령 그 자체이고, 사랑을 서로 주고받으면, 사랑이 하나하나 완성되어 가면 이때 느끼는 감정이 희락이요, 화평입니다. 사랑이 결실을 맺으면 즐거움이 생기고 평화로움이 저절로 나타납니다.

오래 참음과 양선과 충성과 온유와 절제는 사랑을 완성시키는 데 필요한 영양제요, 보충제입니다. 우리 몸을 건강하게 유지하기 위해서는 비타민이 필요하듯이 사랑한다고 해서 사랑이 다 잘되고, 결실을 맺는 것은 아닙니다.

사랑이 결실을 맺기 위해서는 생각을 깊이깊이 하여 올바른 방법을 찾은 다음 정성과 노력을 기울여 믿음을 갖고 온 힘을 쏟아부어야만 합니다. 이 정성과 노력이 오래 참음이요, 양선이요, 온유함이요, 절제함입니다.

사랑으로 숨을 쉬고, 사랑으로 걸음을 옮기고, 사랑으로 움직이고, 사랑으로 생각하고, 사랑으로 말을 하는 것.

이것이 예수님이 말씀하신 성령의 거듭남입니다.

> 궁핍한 사람들에게 베푸는 것은 자선이 아니라 정직이라는 것으로써 사람들의 소유물을 돌려주는 것입니다.

> 예수님께서는 세계의 구조자를 데려오기 위해 오셨습니다. '사랑'이 세계의 구조자입니다.

> 메시아는 머리에 거하지 않습니다. 자비와 사랑의 자리인 마음에 거하고 계십니다.

> 사람이 사람에게 봉사하지 않고는 하느님께 봉사할 수 없습니다.

> 세상의 유일한 구주救主는 사랑이며 마리아의 아들 예수는 그 사랑을 명확히

증거하기 위해서 온 것입니다.

—『성약성서』

"누가 나에게 자루 없는 도끼를 다오. 하늘을 떠받들 기둥을 만들겠다."

원효대사의 이 말씀을 알아들은 요석공주는 원효대사와 함께 요석궁에서 삼일을 동침합니다.

삼일이 지난 후 원효대사는 길 떠날 채비를 하고, 요석공주는 원효대사에게 자기와 같이 요석궁에서 함께 살 것을 요청합니다.

"찰나가 영원이요, 영원이 찰나인데 우리는 얼마나 많은 영원을 함께 했습니까?"

이 말씀을 한 후에 원효대사는 요석공주의 청을 물리치고 길을 떠납니다.

"내가 멀었구나! 멀었어. 여자를 품어도 나무토막 품듯이 해야 하는데…"

14. 지금과 여기

시간은 모든 변화의 원인으로 여기서 발전과 쇠퇴라는 사이클이 성립됩니다. 곧 부처님이 말씀하신 생과 멸입니다.

공간은 발전과 쇠퇴라는 사이클이 활동하는 영역이요, 생과 멸이 이루어지는 장소입니다.

모든 공간을 포함하나 아무 공간도 없는 무한계는 자신의 한 모퉁이를 유한하게 만들어 생과 멸을 위한 장소를 만들었습니다.

모든 시간을 포함하나 아무 시간도 없는 절대계는 생과 멸이라는 사이클을 놓기 위해 과거, 현재, 미래라는 시간의 틀을 유한계 위에 올려놓았습니다. 그리고 생과 멸의 대상인 물질을 창조하여 우주만물이 드러나게 되었습니다.

인간을 비롯한 모든 물질적 존재는 과거, 현재, 미래라는 이 시간의 틀을 벗어날 수 없으며 시간이 없으면 존재도 있을 수 없습니다.

과거는 사라져 없는 날이요, 후회해도 소용없는 날이요, 돌이킬 수 없는 날입니다.

'없다'가 세 번이나 나옵니다. 그래서 과거는 없습니다.

미래를 한번 볼까요.

5초 뒤는 미래입니다. 시간이 흐릅니다. 1초, 2초, 3초, 4초, 5초…. 막상 다가오니 현재입니다. 또 다른 5초 뒤가 5초 뒤에서 빙긋이 웃고 있습니다.

미래는 우리 인간이 잡으려야 잡을 수 없는 시간이요, 허락되지 않은 시간이요, 아무 소용이 없는 시간입니다. 그래서 미래도 없습니다.

과거와 미래는 관념상의 시간입니다. 표현하기 위한 한 방편일 뿐입니다.

그럼 현재는 어떨까요?

오늘 하루가 현재일까요? 아니면 지금 한 시간이 현재일까요? 지금 1분이 현재일까요?

현재는 바로 '지금 이 순간'입니다. 이 '순간'을 불교에서는 '찰나'라고 이야기합니다.

도대체 이 '순간'의 시간길이는 얼마나 될까요?

우리가 우습게 여기는 1초와 비교해 보겠습니다. 1초에 우리 인간은 보통 7m를 달립니다. 치타는 25m를 달리고, 벌은 700번 날갯짓을 하고, 소리는 340m를 가고, 빛은 30만 km를 달립니다. 이것을 7과 2분의 1로 나누면 지구둘레가 나오고, 다시 24로 나누면 시간당 지구의 자전속도가 됩니다. 시속 1만 2,500km가 나옵니다. 다시 60의 60으로 나누면 초당 약 3.5km로 지구의 자전속도가 나오며 이는 음속 10배에 해당합니다.

우리가 우습게 여기는 1초의 변화가 이렇게 변화무쌍합니다.

이 1초의 기준은 세슘원자가 10^{22}번 진동하는 것을 기준으로 합니다. 이 1초와 순간의 시간 길이를 수학적으로 풀어보면 순간은 무한대 분의 1초요, 0.000…01초요, 극한으로 계산하면 1이 무한히 영으로 수렴될 때입니다. 거의 0이요, 0으로 봐도 무방합니다.

순간은 거의 0초입니다. 분명히 존재하나 없다고 봐도 무방한 시간입니다. 만약 없다고 보면 현재도 없는 것이 됩니다.

그러면 과거도 없고, 현재도 없고, 미래도 없어집니다. 시간이 없는 것이 됩니다.

그렇다면 이 글을 쓰는 나는 누구이고, 이 글을 읽고 있는 당신은 또한 무엇입니까? 시간 없이 우리가 존재할 수 있습니까?

그러나 없다고 봐도 무방하지만 분명히 존재하나가 있습니다.

10년 전의 당신의 사진을, 5년 전의 당신의 사진을, 지금의 사진을 들여다보십시오. 어느 것이 당신의 참모습입니까?

지금의 사진일까요? 만약 5년 후의 당신의 사진을 보게 되면 지금의 사진은 5년 전의 사진이 될 것입니다. 5년 후의 당신의 참모습은 지금의 사진일까요? 5년 후의 사진이 당신의 참모습일까요? 아니면 모두 다 당신의 참모습일까요? 모두 다 당신의 참모습이라면 당신의 참모습은 도대체 몇 명입니까?

순간 전의 당신의 모습과 지금의 당신의 모습과 순간 후의 당신의 모습은 늘 변화합니다. 항상 다릅니다. 변화하여 같음이 없습니다. 이것을 '항상함'이 없다 하여 '공'이라 합니다. 항상함이 없이 늘 변화하는 것은 참이 아닙니다.

현재는 분명히 존재하나 '공'합니다.

과거는 없고, 현재는 공하고, 미래는 없다.

이것이 과거와 현재와 미래라는 시간의 정체입니다.

공간은 아무리 넓다 한들 여기와 저기입니다. 이곳과 저곳입니다. 여기를 벗어난 공간도 없고 저기를 떠난 공간도 없습니다.

저는 지금 여기 이 의자에 앉아 있고, 저기에 저 의자가 보입니다. 저 의자의 저 공간은 어떠할까요? 한번 가서 앉아 보겠습니다. 저기 저 의자는 사라지고, 저기 저 의자는 다시 여기 이 의자로 자리 잡습니다.

저기라는 공간은 우리 인간에게 허락된 공간이 아닙니다. 우리는 여기라는 이 공간을 벗어날 수 없습니다. 우리 인간은 지금이라는 이 시간과 여기라는 이 공간 속에서만 존재할 수 있습니다.

'항상 지금 여기 있음'입니다. 이것을 '현존'이라 합니다.

누군가 우주의 중심을 이야기하더군요.

우주의 중심은 당신 자기 자신입니다. 당신이 없으면 우주도 존재할 수 없습니다.

한 제자가 암자에서 열심히 수행했고 공부가 되었다고 생각했습니다. 인가를 받기 위해 스승님을 찾아갔습니다.

"들어올 때 어느 신발부터 벗었는고? 왼쪽인가? 오른쪽인가?"

갑작스러운 이상한 질문에 제자는 어안이 벙벙했고 어느 쪽 신발부터 벗었는지 헷갈려 답을 하지 못했습니다.

"공부가 덜 되었으니 다시 정진하거라."

우리는 항상 지금 여기에 존재할 뿐입니다.

신발을 벗는 그 순간에 그 제자는 자신의 존재함을 놓친 것입니다. 그냥 무의식적으로 생활한 것입니다. 깨어 있지 못한 것입니다. 그 순간에 그 제자는 존재하지 않은 것과 마찬가지입니다. 깨달음과 깨어있음은 서로 통합니다.

삶은 깨어나는 과정이자 깨달음의 과정입니다. 자신이 늘 그랬던 것으로 됨을 알게 되는 과정이며 불가분의 존재와 재결합하는 과정입니다. 실제로 재결합하는 것이 아니라 분리가 원래 없었다는 것을 다시 알게 되는 것입니다.
—『성약성서』

과거는 없습니다. 미래도 없습니다.
당신은 항상 지금 여기에 존재해 있고, 지금 여기를 놓치는 순간 당신은 존재하지 않은 것과 마찬가지입니다.
항상 깨어 있으십시오.
항상 현존하십시오.
당신의 존재함을 놓치지 마십시오.

감추어진 것 가운데에서 드러나지 않는 것은 없는 것입니다. 사람들이 진리와 지혜로부터 해답을 탐구하면 무엇이 자기들의 앞에 있는지 깨닫게 될 것이고 그들로부터 감추어진 것들도 또한 저절로 드러나게 될 것입니다.
그러나 진리는 창조의 법칙들 속에 깊숙이 놓여 있고 사람들은 그것을 그 안에서만 찾고 발견해야 하는 것입니다. 찾고자 하는 사람들은 찾는 것을 발견할 때까지 구하는 것을 멈추지 말아야 할 것입니다. 그리고 발견할 때에는 깊이 충격을 받고 놀랄 것입니다.
그러나 그들은 그때에 우주를 다스리게 될 것입니다. 사람들은 이로써 그 왕국이 그들 안에, 그리고 그들 밖에 있다는 것을 깨닫게 될 것입니다.

진리와 지혜를 깨달을 수 있도록 하시오. 그러면 그대들의 영혼과 인식이 능력을 가지게 될 것입니다.

진실로 나는 그대들에게 말합니다. 사람들은 자연 속에서 깨닫게 되는 창조의 법칙으로부터 지혜를 배워야만 합니다.

— 『탈무드 임마누엘』

한 제자가 저렇게 위대하신 부처님은 '어떻게 주무실까?' 무척 궁금했습니다.

그래서 한밤중에 부처님의 숙소로 찾아가 몰래 문틈으로 살짝 엿보았습니다. 우리 일반 사람들과 별반 다른 것이 없었습니다. 그냥 고개를 한번 저어보고는 자신의 방으로 돌아왔습니다.

잠시 뒤 그래도 정말 다른 점이 없나 다시 한 번 찾아가 들여다보니 여전히 부처님의 주무시는 모습은 차이가 없었습니다.

방으로 돌아온 제자는 존경하는 스승님은 자신들과 무언가 달라도 다를 거라 생각했는데 다른 점이 없다는 것을 알고 의아하게 느꼈습니다.

몇 시간이 지난 후 제자는 마지막으로 한번 더 확인하고자 다시 부처님의 숙소를 찾아갔다가 돌아서는 순간 '아!' 하고 손뼉을 탁 쳤습니다.

일반 사람은 보통 잠을 잘 때 여러 번 몸을 뒤척입니다. 그런데 부처님은 처음 주무신 몸의 상태로 한 번도 뒤척임 없이 한결같다는 것을 깨달은 것입니다.

날이 밝고 아침이 되었을 때 제자는 어젯밤의 일을 부처님에게 이야기했습니다.

잠은 몸에 관련된 문제이다. 해가 지고 밤이 다가오면 몸은 피곤해지며 나른해진다. 동시에 눈꺼풀이 무거워지고 잠이 다가온다. 하지만 내 의식은 잠과 아무 상관없이 늘 깨어 있다. 내 의식은 쉬는 법도 없고, 잠드는 법도 없이 항상 깨어 있다.

불교에는 동정일여, 몽중일여, 숙면일여라는 표현이 있습니다.

동정일여는 움직일 때나 움직임이 없을 때에도 한결같이 의식이 깨어 있는 상태요, 몽중일여는 꿈꾸는 가운데에서도 한결같이 의식이 깨어 있는 상태요, 숙면일여는 깊이 잠든 상태에서도 항상 한결같이 깨어 있는 의식을 유지하는 것입니다.

법정스님이 입적하실 때의 일입니다.

제자가 스님에게 물었습니다.

"여여如如하십니까?"

"여여하지. 몽롱하리."

"법연이 다한 것 같습니다. 마지막 한 말씀 하시지요?"

"유구무언이다."

'여여하다'란 말은 변함없이 항상 같다는 의미입니다.

15. 채움과 비움

제자를 마을로 심부름을 보냈습니다.

사나흘이면 충분한데 제자는 닷새나 지나서 돌아왔습니다.

"왜 이리 오래 걸렸는고?"

"예! 속세 이곳저곳을 둘러보았습니다."

"그래 채웠는고?"

"…"

"그럼 비웠는가?"

제자는 아무 말을 하지 못했습니다.

밥을 먹으면 밥은 식도를 통해 위로 내려갑니다.

위는 채워졌을까요?

아닙니다. 위는 채우자마자 비우기 시작합니다. 어디로 비울까요? 밥을 소화시켜 장으로 보냅니다.

장은 채워진 것일까요?

아닙니다. 장은 채우자마자 비우기 시작합니다. 어디로 비울까요? 흡수된 영양분을 간으로 보내고 불필요한 찌꺼기는 항문으로 보냅니다.

그럼 간은 채워졌을까요?

간은 채워진 영양분을 에너지로 전환시켜 뼈도 만들고, 피를 만들고, 살을 만들고, 머리카락도 만들고, 또한 움직이는 데, 생각하는 데, 말하는 데 사용합니다.

아무리 잘 먹어도 사용처는 일곱 군데입니다.

27살 대학교 때의 일입니다. 방학 때마다 저는 절에서 두 달가량 머물면서 쉬기도 하고 공부도 하면서 지냈습니다. 그러던 어느 날 절에 온 학생들과 어울려 술을 먹었고 취기가 있어 밥맛이 없었습니다. 하는 수 없이 아침 식사를 걸렀고 10시 무렵에 일어나 세수를 하고 있는데 노스님이 세수하는 나를 보고는 "학생! 왜 아침 공양을 걸렀는고?" 하고 물어보셨습니다. "밥맛이 없어서요."라고 대답하자 "쯧즈, 헛바닥만 속이면 되는 일을…" 하시고는 지나가셨습니다.

사실 절 음식은 간단합니다. 국 하나에 나물 반찬 서너 가지가 다입니다. 라면 하나에 밥 한 공기 그리고 김치 한 접시, 이렇게 먹으면 삼천 원이 채 되지 않을 겁니다. 비싸고 맛있는 음식은 삼십만 원이 넘는다고 하더군요.

10배 비싼 음식을 먹었다고 머리카락이 10배 더 까맣게 되고 피가 10배 더 맑아지고 생각이 10배 더 좋아집니까? 그래서 절의 스님들은 먹는 것에 대해 아무 집착이 없는 것입니다.

우리는 채우고 있는 걸까요?

비우고 있는 걸까요?

몸은 채우자마자 비우고 비우자마자 채웁니다.

우리는 완전히 채우지도 못하고 완전히 비우지도 못합니다.

16. 믿지 못할 것

세상에는 믿지 못할 것이 세 가지가 있다. 목숨과 몸 그리고 재물이다. 그러나 방편으로는 믿어 줘야 한다.

부처님의 말씀입니다.

사람의 목숨은 과히 믿을 바가 못 되며 너무 허망하기도 합니다.

등산하다가 발을 헛디뎌 떨어져 죽기도 하고, 수영하다가 발에 쥐가 나서 빠져 죽기도 하고, 교통사고로, 화재사고로, 심장마비로…. 멀쩡하던 사람이 순식간에 죽음을 맞이하는 경우가 허다합니다.

신바람건강법으로 '건강전도사', '행복전도사'라는 별칭을 얻었던 황수관 박사가 그리 어이없게 돌아가실 줄 누가 알았겠습니까? 저는 저분은 100세까지는 너끈하게 사실 거라고 여겼는데 급성패혈증으로 68세에 순식간에 돌아가셨습니다. 슬프게도 인간의 목숨은 이렇게 속절없습니다.

그러나 목숨이 붙어 있는 한 그 목숨을 믿고 최선을 다해 열심히 살아야 하겠습니다. 비록 목숨이 어떻게 될지 믿지 못할지라도 그래도 목숨을 믿고 의욕적으로 생활해야 하겠습니다.

몸도 마찬가지입니다. 술이나 담배를 가까이하지 않고 꾸준하게 운동도 다니던 사람이 갑작스러운 암으로 병원 신세를 지기도 하고, 술이나 담배를 즐기며 운동도 거의 하지 않는 사람이 활동에 지장

없이 사회생활을 잘해 나가기도 하며, 공장에서 아차 하는 순간에 손이 잘려나가는 사람도 있고, 체력을 자랑하며 무엇을 해도 자신만만하던 사람이 교통사고로 다리가 부러지는 경우도 있습니다.

이렇듯 과히 몸도 믿을 바가 못 되나 그래도 몸이 온전한 한 몸을 믿고 활기차게 최선을 다해 생활해야 합니다.

재물이라는 놈은 묘한 놈입니다. 생활이 잘 풀려 재물이 좀 모였나 하면 갑작스러운 일이 터져 순식간에 사라집니다. 모였나 하면 흩어지고 흩어졌나 하면 다시 모입니다. 재물이 모였을 때에는 주위 여러 사람에게 조금은 베풀 줄 알고, 재물이 흩어졌을 때에는 근신하며 알뜰살뜰하게 생활해야 합니다.

재물도 과히 믿을 바는 못 되지만 그래도 믿고 재물을 가치 있게 사용해야 하겠습니다.

80대인 아버지와 50대인 아들이 툇마루에 앉아 따뜻한 봄 햇살을 즐기고 있었습니다.

버드나무에 참새가 날아와 앉았고 그것을 본 아버지가 "애야! 저것이 뭐로?" 묻자 아들이 "아버님! 참새입니다." 하고 답했습니다.

잠시 뒤 아버지는 "애야! 나무 위에 저것은 뭐꼬?" 다시 물었고 아들은 조금 짜증이 섞인 목소리로 "아버님! 그것은 참새입니다. 참새." 했습니다. 몇 분이 지난 후 아버지는 "애야! 저것이 뭐꼬?" 하고 또다시 물었고 그렇게 몇 번 대답해 주던 아들은 기어이 다섯 번째 물음에 "아버님! 그게 참새라고 내가 몇 번을 이야기했습니까?" 목소리 높여 화를 벌컥 내고는 집 안으로 들어갔습니다.

세월이 흘러 아버지가 돌아가셨고 상을 치른 후 아들은 방 안에서 아버님의 유품을 정리하다가 50년도 더 된 일기장을 보게 되었습니다.

아버지와의 추억을 더듬으며 일기장을 넘기다가 그는 그만 목소리를 높여 울고 말았습니다.

그곳에는 이렇게 쓰여 있었습니다.

따스한 봄날이다. 나는 툇마루에 앉아 따사로운 햇볕을 쬐고 있었고 다섯 살인 아들은 마당에서 놀고 있었다.

버드나무에 참새가 날아와 앉았고 그것을 본 아들이 내게 달려와 참새를 가리키며 "아빠! 저것이 뭐예요?" 하고 물었고 나는 "응, 그것은 참새란다." 라고 대답해 주었다. 아들은 고개를 끄덕이면서 "아! 그래요." 하며 다시 마당으로 뛰어나갔다.

잠시 뒤 아들은 다시 내게로 달려와 참새를 가리키며 "아빠! 저게 뭐예요?" 하고 물었고 나는 부드러운 목소리로 "얘야! 그것은 참새란다."라고 말했다. '아이들은 들어도 금방 잊어먹는구나.'라고 생각하면서 입가에 미소가 번졌다. 아들은 그렇게 서른 번 가까이 물어 왔고 나는 정성스럽게 똑같은 대답을 서른 번이나 하였다. 그런 내 아들이 너무나 귀엽고 사랑스러워 품에 꼭 껴안아 주었다.

17. 한날의 걱정

그러므로 내일 일을 위해서 걱정하지 마라. 내일 일은 내일이 걱정할 것이요, 한날의 걱정은 그날로 족하리라.

예수님의 가르침입니다.

'오늘 걱정은 오늘 하고 내일 걱정은 내일 하며 내일 걱정을 오늘로 당겨서 하지는 말라'는 뜻으로 해석됩니다.

바람이 불어 파도가 일렁입니다. 바람이 거세어지기 시작하고 파도도 험해졌습니다. 태풍인가 봅니다. 집채만 한 파도가 솟고 바람소리도 굉음을 냅니다. 마치 세상이 곧 무너질 것 같습니다.

시간이 흘러 태풍이 물러가기 시작합니다. 바람도 약해졌고 파도도 가라앉고 있습니다. 이윽고 바람도 멎고 물결도 잔잔해졌습니다.

그 집채만 하던 파도는 어디로 갔을까요? 원래 파도는 바다의 표면이며 바람이라는 외부적인 요인으로 인해 있는 듯이 보이지만 외부적인 요인이 가고 나면 사라집니다.

파도는 없습니다. 바다가 바람을 만나 일어나는 하나의 현상이요, 허상입니다. 바람이 다하면 원래 없는 파도는 원래 없는 자리로 돌아갑니다.

걱정도 파도와 마찬가지로 하나의 현상이요, 허상입니다.

일이 꼬였거나 대화가 서로 맞지 않거나 결과가 기대와 다르거나 충돌이 생기면 바다가 바람을 만나 파도가 일듯이 우리 마음속에 '걱정'이라는 놈이 찾아옵니다.

문제가 해결되고 일이 풀리면 걱정은 마치 바람 없는 바다에 파도가 사라지는 것처럼 어디로 사라졌는지 찾을 길이 없습니다. 원래 없는 걱정은 원래 없는 자리로 돌아갔습니다.

『탈무드 임마누엘』은『성서』와는 조금 차이가 납니다.

> 진실로 내가 그대들에게 말합니다. 육신이 굶주림이나 목마름 또는 헐벗음으로 고통을 겪을 때에는 걱정으로 말미암아 지혜나 지식은 밀려 나갈 것입니다.
>
> 그러므로 그대들은 우선 영혼과 영혼의 지식이 거처 할 곳을 마련하고 그대의 육신을 음식과 의복으로 편안하게 하도록 하십시오. 그리하여 내일을 준비할지니 내일이 저절로 그대들을 돌보아 주지는 않을 것이기 때문입니다.
>
> 또한 하루의 걱정은 그 하루로써 충분하니 물질적인 풍요로 인해 걱정하지 않도록 해야 할 것입니다.

18. 한 알의 밀

내가 진실로 진실로 너희에게 이르노니 한 알의 밀알이 땅에 떨어져 죽지 아니하면 한 알 그대로 이고 죽으면 많은 열매를 맺으리라.

예수님의 가르침입니다.

밀이라는 씨앗이 땅에 떨어져 뿌리를 내고 줄기를 뻗으면 씨앗은 사라지고 밀이 되어 밀이라는 작물로 거듭납니다. 씨앗이 그 스스로 죽어 주지 않으면 밀이라는 작물은 피어나지 못합니다. 한 알의 밀알이 죽으면 밀이 되어 수많은 밀알로 거듭 태어납니다.

자기 자신을 죽여야 합니다. 목숨이 아니라 이기심, 곧 아집을 버려야 합니다. '이것이 나다. 이것은 나의 것이다. 나는 이러한 존재이다.'라는 아집이 많은 문제와 갈등과 다툼의 원인이 되며 또한 이 아집이 자신에게 괴로움과 분노와 슬픔을 가져다줍니다.

이 이기심을 제거하면 사랑만이 존재하며 가난한 마음에 사랑이 찾아와 사랑으로만 마음을 가득 채웁니다.

이것이 사랑의 거듭남이요, 성령의 거듭남입니다.

예수께서 대답하여 가로사대 "진실로 진실로 네게 이르노니 사람이 물과 성령으로 거듭나지 아니하면 하느님의 나라를 볼 수 없느니라."

다툼과 갈등과 문제가 생기는 이유는 첫째, 존재하기 때문입니다.

둘째, 만남이 있기 때문입니다.

셋째, 사랑이 없기 때문입니다.

사랑만 있으면 모든 문제와 갈등과 다툼은 자리를 잡을 수 없습니다. 아니 문제 자체가 생겨나지 않을 겁니다. 모든 문제가 사랑이라는 이름으로 녹아내립니다.

사랑을 주되 사랑을 주었다는 생각이 일어나면 그것은 사랑이 아니라 이기심이며 사랑을 주되 사랑을 주었다는 생각이 나타나지 않는 사랑, 이것이 진정한 사랑이요, 예수님의 사랑이요, 사랑의 거듭남이요, 성령의 거듭남입니다.

누구든지 위대하게 되려는 자는 모든 사람의 종이 되어야만 합니다. 천상에서 가장 높은 자리는 지상에서 가장 비천한 자의 발밑에 있습니다.

나는 세상이 만들어지기 이전에 우리 아버지 하느님과 영광을 같이 하였습니다. 그럼에도 불구하고 나는 인류에게 헌신하기 위해 왔으며 사람들에게 종이 되어 나의 생명을 바치기 위해 왔습니다.

—『성약성서』

19. 팔식^{八識}

알게 되는 것을 '알아차림'이라 하며 불교에서는 알아채는 방식을 여덟 가지로 설명을 하며 이를 팔식이라 합니다.

◎ 안식: 눈으로 보아서 알아채는 것입니다.

◎ 이식: 귀로 들어서 알아채는 것입니다.

◎ 비식: 코로 냄새 맡아서 알아채는 것입니다.

◎ 설식: 혀로 맛보아서 알아채는 것입니다.

◎ 촉식: 몸으로 부딪쳐서 알아채는 것입니다.

◎ 의식: 생각으로 알아채는 것입니다.

◎ 말 나 식: 일반적인 의식보다 좀 더 깊은 단계의 정신경계로서 업과 인과의 작용의 원인이 되는 잠재적인 의식이며 선과 악과 같은 상대적인 작용은 없는 상태이나 그래도 음과 양이 존재하며 모양이 있습니다. 여기서 자아에 대한 집착이 생겨나며 이 말나식을 영혼이라 해도 될 것입니다.

◎ 아뢰야식: 음과 양이 있기 전의 상태이며 모양도 색깔도 없으나 어떠한 모양으로나 드러내게 할 수 있는 씨앗이 있어 인연을 받아들이고 합해지거나 흩어지는 과정을 거쳐 인간, 축생 등으로 태어나게 하는 모든 원인이 되는 의식입니다.

과학적으로 말하면 육식은 통상적으로 의식이라 하며 말나식은 무의식 혹은 잠재의식입니다. 의식하지 않아도 습관적으로 저절로 행동하게 하고 때로는 영감이 나타나기도 합니다. 이렇게 무의식은 열렸다가 닫혔다가 하지만 일반적으로는 닫혀 있습니다.

아뢰야식은 초의식으로 일반인은 열 수 없는 영역이며 깊고 깊은 수행을 한 사람에게만 허락된 영역입니다. 우리가 천재라고 하는 사람은 선천적으로 이 초의식이 열려 있습니다.

책을 처음 써봤습니다. 글 쓰는 재주는 없는 줄 알았지만 쓰고 나니 역시 무척 서툴고 딱딱하고 어설프다는 느낌이 듭니다. 멋있고 우아하고 재미있는 글이 되기를 바라지는 않았으나 그래도 어느 정도 부드러운 글은 되어야 하지 않겠느냐는 생각은 가지고 있었습니다. 그러나 아쉽게도 원하는 만큼 이루어지지 않은 것 같습니다.

글을 쓰면서 몇 가지 원칙을 세웠습니다.

첫째, 간결하되 뜻은 명확하게 하자. 둘째, 뜬 구름 잡는 이야기, 허공에 붕 뜬 이야기는 하지 말자. 셋째, 실질적으로 살아가는 데 도움이 되는 이야기를 하자. 넷째, 꾸미지 말자.

사람이 완벽할 수는 없겠지만 글을 쓰면서 부족한 것이 너무 많은 사람이라는 사실을 뼈저리게 느꼈습니다.

이 책은 부처님과 예수님의 가르침을 기본으로 하였으며 필요에 따라 다른 성인들의 말씀을 인용했습니다. 제가 공부한 다섯 분의 가르침은 차이가 없었으며 결국 하나의 가르침으로 귀결됩니다. 산에 두 개의 정상이 있을 수 없듯이 진리는 한 곳에서 만날 수밖에 없습니다.

부처님의 말씀은 너무 방대합니다. 부처님의 말씀을 정리하여 기록한 것이 바로 팔만대장경이며 이것을 모두 읽는다고 하는 것은 너무 힘들고 어려운 일입니다.

『반야심경』, 『금강경』, 『법화경』 그리고 부처님의 말씀과 관련된 책을 백 권 가까이 읽은 것 같습니다. 다른 것은 몰라도 『반야심경』과 『금강경』은 꼭 읽어보기를 당부합니다.

『성약성서』, 『탈무드 임마누엘』, 『도마복음서』, 『신약성서』 그리고 예수님의 말씀과 관련된 책은 오십 권 정도 읽은 것 같습니다. 서점에서 구하는 것은 어려울 것이며 인터넷에 들어가면 다양한 버전을 만날 수 있습니다. 해석상의 차이는 조금 있으나 의미에 있어서는 차이가 없다고 생각합니다. 『성약성서』 하나만은 읽어보시기를 부탁드립니다.

제 이야기를 한마디로 요약해 보겠습니다.

사랑하라.

그리고 사랑하는 일을 하라.

이것이 하느님이 우리에게 부여하신 천부적인 권리이며 하느님이 우리에게 주신 대자유입니다. 그 누구도 그 무엇도 당신에게 부여된 이 자유를 구속할 수 없습니다. 당신 자신만이 당신에게 부여된 자유를 구속하고 가로막을 수 있을 뿐입니다.

사랑의 대상에 대한 선택의 자유는 하느님이 당신에게 주신 고귀한 선물입니다.

사랑이 아닌 돈을, 사랑이 아닌 지위를, 사랑이 아닌 권력을, 사랑이 아닌 또 다른 일을 선택할 수도 있습니다. 멋있고 화려해 보일 수는 있으나 사랑이 아닌 일은 언제나 후회와 안타까움을 남길 뿐입니다.

사랑하고 싶은 일, 곧 사랑하는 일은 비록 멋있고 화려해 보이지 않을지라도 보람과 감동을 남겨 줍니다.

사랑하십시오. 그리고 사랑하고 싶은 일을 하십시오.

어렵고 힘들 수는 있어도 사랑하는 일은 결코 무너지는 법은 없습니다. 꾸준하게 하되 조급해하지 마십시오.

언젠가는 부처가 될 당신에게, 언젠가는 그리스도가 될 당신에게 항상 행운이 함께 하기를….

보잘것 없는 저의 책에 각별한 애정과 관심을 가져주신 북랩출판사의 송재병님, 김민하님, 이종무님, 그리고 김회란님에게 감사 인사를 올리며 북랩출판사의 무궁한 발전을 기원드립니다.

무영 올림